만약에
우리 각본집

차례

'나를 키운 건 팔할이 사랑이었다',
싸이월드 다이어리에 그렇게 썼던 기억이 있습니다.
다시 돌아가 읽으려면 당장 숨고 싶을 만큼 우스꽝스럽게
진지했고, 절절하게 유치했던 그 일기들. 주고받았던 문자,
방명록, 편지들...
〈만약에 우리〉를 쓰는 동안, 사랑이 늘 궁금하고 또 고팠던
07학번 시절의 저와 만났습니다.

그땐 몰랐어요. 자주 도망치고 자꾸 실패하기만 하는
사랑이 내 탓이거나 아니면 네 탓이라고만 생각했습니다.
그 도망침과 붙잡음, 실패와 눈물과,
그럼에도 그럴 수밖에 없었던 모든 순간들이
가장 평범한, 그래서 가장 충분한 사랑임을
깨닫게 된 것은 '먼 훗날'의 일이었지요.

정원이와 은호를 떠나보내고, 관객분들이 각자의 시간을
꺼내어 돌려주신 말들을 하나씩 읽어봅니다. 읽으며
확신합니다. 진짜로 사랑이 우리를 키워냈구나.
그래서 또 사랑 이야기를 씁니다. 나를 키운 것은
이야기이기도 했으니까요.
이 평범하고 충분한 사랑 이야기에, '괜찮다'는 한 문장을
덧대어 보냅니다.
괜찮아요. 그 시간, 그 사랑, 그 마음 모두.
어딘가에 별빛처럼 남아있겠지요. 그때의 빛이 지금에
닿듯.

염문경

감독의 말

그 겨울, 작가로부터 원고를 건네받고 감독으로서 실제
촬영 때 쓰일 버전을 만들어야 했다. 배우들이 직접 뱉을
언어를 다듬고, 전체적으로 양을 줄이고, 영화의 리듬을
만드는 것이 목표였다. 돌이켜보면 가장 고통스러운
시간이기도 했다.

나는 시나리오가 읽기 위한 글이 아니라 배우가 연기하기
위한 기본 설계도라고 생각한다.
읽었을 때 아름답고 서정적이지만 막상 배우가 발화할
때 어색하거나 비현실적인 느낌을 주어서는 안 된다.
배우의 입에서 나오는 것이 글이 아니라 말이어야 한다는
신념 하에 고치고 또 고쳤다. 하지만 여러 번 좌절하고
이 대사들이 문학적으로만 들릴까 봐 걱정으로 가득 차곤
했다.

다행히 나는 좋은 배우들을 만났다. 그들을 만나면서
시나리오는 완성되었다. 그들의 입을 통해 표정을 통해
눈빛을 통해 대사들이 살아있는 언어가 되었고 정원과
은호와 아버지와 친구들은 생명을 얻었다.

정말 감사한 일이다.
우선 좋은 구슬들을 넘겨주신 작가님께 감사하고 그
구슬들을 잘 꿰어 아름답게 만들어 주신 배우님들에게
감사한 마음이다.
무엇보다 우리의 영화를 사랑해주고, 배우들과 같이
호흡하고 그들의 언어를 마음에 새겨준 관객분들에게
감사하다. 덕분에 이 각본집이 나오게 되었다.

배우들이 인물을 창조하기 위해 들여다보았던 기본
설계도가 실제로 영화 촬영 때 어떻게 바뀌었는지, 어떻게
배우들이 그 대사들을 수행했는지, 그리고 빠진 장면들은
어떤 것인지 비교해서 보는 즐거움이 있을 거라 생각된다.

이 각본집을 읽는 모두에게 나의 마음이 가서 닿기를
소망한다.

김도영

정원이 전하는 말

사소한 이야기입니다.

사소한 대화 속에 사소한 상황들이 쌓이고, 그 사소함이

정원이와 은호를 짓누르다 또 살아가게 해주죠.

우리처럼 말이에요. 그래서 좋았습니다. 원래 사소한 일이

모든 걸 다 차지하고 있는 법이거든요.

유독 전 우리 작품 위에 말을 얹기가 조심스럽습니다.

각자의 조각들을 꺼내어 온전히 느끼고 품어주세요.

영화의 완성은 관객분들이라는 교환 선배의 말이 맴돕니다.

은호에게

어쩌면 네게,

전하지 못해 고여버린 마음이 있어요.

'우리의 아픔으로 인해 나는 네가 사랑을 주저하게 될까 봐

걱정이 되었어. 사랑해야 해. 계속해서 사랑해야 해 은호야!'

저에겐 넘치는 목숨이 생겼어요.

여러분이 떼어준 심장으로 수많은 인물과 삶을 살아내리라

다짐합니다. 다시 한번 정원이의 집이 되어주셔서 감사드립니다.

한정원 올림

용어 정리

N (Night)	밤 장면
D (Day)	낮 장면
N.A (Narration)	인물의 독백
Cut to	장면 전환
INSERT F/B (Flashback)	회상 장면 삽입
	흑백 화면으로 표현
	컬러 화면으로 표현

각
본

택시 (N/ 흑백)

자막 2024년 여름.
비가 내리는 호치민의 도로. 공항으로 가는 택시 안.
라디오에서는 현지어로 태풍 관련 뉴스를 전한다.
창밖, 내리는 비를 가만히 바라보던 정원.

    정원   (영어) 공항까지 얼마 남았어요?

    기사A (영어) 한 30분? 한국분이세요?

    정원   (영어) 네.

    기사A (영어) 캐슬린이 한국으로
           넘어갔다던데... 비행기가 뜰까요?

    정원   (영어) 캐슬린?

    기사A (영어) 네, 이번 태풍 이름이요.

    정원   (영어) 이름 이쁘네요.

    기사A (영어) 왜 태풍 이름이 이쁜지 알아요?

세단 안 (N/ 흑백)

세단 안.
역시 밖의 날씨를 심각하게 바라보는 은호.

멀리 공항 표지판이 보인다.

　　　　기사B　　(영어) 왜 태풍 이름이 이쁜지 알아요?
　　　　은호　　(영어) 몰라요. 왜요?
　　　　기사B　　(영어) 좀 곱게 지나가라고 이름을
　　　　　　　　그렇게 짓는대요.
　　　　은호　　(영어) 아.
　　　　기사B　　(영어) 근데 그게 그렇게 되나요.
　　　　　　　　다 쓸고 지나가지.
　　에릭 팀장님　　(영어) 이번 태풍이요,
　　　　　　　　80년 만에 가장 센 거래요.
　　　　은호　　(영어) 오!

#3

비행기 내 (N/ 흑백)

비행기 내 하얀 수하물 칸.
은호 손이 쑥 들어와 열면 자신의 좌석 칸에 다른
좌석의 짐이 놓여있다. 은호, 다른 짐을 옆으로 밀고
자신의 짐을 올리려는데, 누군가 지나가자 멈추고
기다린다. 다시 올리려는데, 또 누군가 들어오자
기다린다.
또 올리려는데 정원이 지나가고, 얌전히 짐을 내리고
기다리는데... 은호가 지나가는 정원을 얼핏 본다.

Cut to.

드디어 앉은 은호와 정원.

은호가 정원이 맞나? 쓰윽 뒤를 돌아 정원을 찾는데

정원의 얼굴 쪽 역시 나온다.

둘의 눈이 마주친다. 시간이 멈춘 듯.

왔다 갔다 하는 사람들 사이로 가만히 바라보는

두 사람. 마주보다 마침내, 씨익 웃는다.

타이틀 떠오른다.

만 약 에
우 리

고속버스터미널 (D/ 컬러)

서울, 2008년 여름.

한산한 버스터미널 풍경.

창밖으로 투둑투둑 비가 내리고 있다.

Cut to. 터미널 안 대기 공간.
어딘가 들려오는 라디오 소리.

　　라디오 V.O
　　전국에 빗줄기가 오락가락하고 있습니다.
　　특히 이번에 내린 폭우로 지반이 약해진 일부
　　산간 지역 산사태 주의보가 발동 중입니다.
　　주변 지나실 때 운전에 각별한 주의를
　　부탁드립니다.

작은 스케치북을 들고 누군가를 스케치하는 은호(25).
스케치북을 넘겨 새로운 스케치할 거리를 찾는다.
은호의 시야로 정원이 우산을 펼치며 지나간다.
정원을 따라 움직이는 은호의 고개.
멀리 비닐우산을 쓰고 담배 피우는 정원. 다소 거칠게
살아온 듯 보인다.
뱅 머리에 약간 짙은 화장. 자유로운 영혼처럼 보이는
눈빛. 홀린 듯 정원의 서있는 모습을 스케치하는 은호.

#5

버스 안 (D/ 컬러)

우산을 접으며 버스 안으로 어리바리 걸어 들어가는
은호. 안경에 김이 서렸다.

겨우 자리를 찾았는데...
좌석에 누가 앉아있자, 자기 자리가 맞는지 앞뒤로
두리번거리는 은호. 창가 자기 자리에 웬 여자애,
정원(22)이 앉아 있다.

     은호   저기.. 제가 30A인데...
     정원   (잘 못 들은 듯) 네?

정원이 올려다본다. 은호가 아까 스케치했던 애다.
김 서린 안경으로 정원을 멍하게 바라보는 은호.
순간 번개가 파바박 친다.
번쩍이는 정원의 얼굴. 얼어붙은 듯 바라보는 은호.

     은호   제 자리...
     정원   (티켓 확인하며) 아! 예. 옆이네...
     은호   아뇨. 아뇨. 그냥 앉으세요.

정원을 만류하고 건너 옆 좌석에 앉는 은호.
승객 들어와 은호를 보고

     승객   거기 제 자린데...
     은호   아 죄송합니다.

당황한 은호 어쩔 수 없이 정원의 원래 자리(31B)에
착석한다. 그녀의 옆이다. 긴장하는 은호.

기사 아저씨. 들어와...

기사　(승객에게) 출발합니다.
　　　 안전벨트, 꼭 하세요.

자신의 안전벨트를 꼭 조이는 정원.
은호, 안전벨트를 잡는데... 꼬다리가 없다.
슬쩍 묶는다. 정원이 보고 쿡쿡 웃는다.

Cut to. 달리는 버스 안.
창밖 비는 그쳤다. 은호 가방에서 삐져나온 스케치북.
눈 감고 자던 은호, 슬며시 눈을 떠 정원을 보는데...
정원이 눈을 감고 있다.
은호는 스케치북을 꺼내 자신이 스케치한 여성이
정원이 맞는지 한 번 더 본다...맞다.

'이런 어쩌지.' 은호 흔들리는 마음을 부여잡고자
크게 호흡하고 눈을 감는데...

Cut to.
은호 깊이 잠든 듯 널브러져 있고, 정원은 깨어 있다.
그때 갑자기 쾅 쾅..
버스가 심하게 흔들린다. 기사 목소리 들려온다.

기사　에헤이, 이런...어어...

여기.. 또 또... 어.. $&&%%$(쌍욕)

흔들리는 버스 안에서 안전벨트 덕에 용케도 버티는
정원. 하지만 은호는 프레임 밖으로 사라졌다.
버스 바닥에 누워 있는 은호. 그 옆에 스케치북이
떨어져 있다.

> 정원　어맛! 어떡해! 괜찮으세요?
> 은호　아 그럼요.

정원이 은호가 흘린 스케치북을 주워서 주는데...
보면 터미널 풍경 안에 서 있는 여성(정원)의
그림이다.

> 정원　이거 나예요?
> 은호　(감추며) 아니요. (다시 보며) 어어...
> 　　　어우 아뇨... 죄송합니다.
> 정원　괜찮아요. 기분 좋은데요.

밖에서 상황을 살피던 기사가 들어와 외친다.

> 기사　여기 산사태가 나 갖고요. 더 못갈 거
> 　　　같은데. 여기 도로가 복구되려면 두어
> 　　　시간 걸릴 거 같아요. 부를 사람 있음
> 　　　부르세요.

정원 부를 사람 없으면요?

기사 아, 그럼 기다려야지. 뭐 딴 수가 있나.
일단 나오셔. 위험하니까
저 위로 가서 기다리셔야 돼.

일어나서 나가는 승객들. 두 사람도 일어나는데...

#6

비행기 내 (N/ 흑백)

비행기 이륙을 기다리는 승객들.

안내방송 V.O
(영어) 인천행 KW0191편 비행기를
이용하시는 탑승객 여러분께 안내 말씀
드리겠습니다. 이 여객기의 도착 예정지인
인천의 기상 상황으로 인해 이륙 허가가
취소되었습니다.

기내 탑승한 승객들 소란해진다.
사람들 하나 둘 일어선다. 한국 승무원이 소리친다.

승무원 안내에 따라 차례로 내려주시면
출구에서 항공편 변경 안내

도와드리겠습니다! 안내에 따라
움직여주세요! 부스에서 차례로
항공권 변경 안내 도와드리겠습니다-

승무원이 소리칠수록 더 거세게 일어나는 승객들.
당황한 채 떠밀리듯 일어서 나가는 승객들.
은호, 뒤돌아보지만 정원이 안 보인다.
사람들에게 떠밀리는 은호.
은호, 뒤돌아보지만 정원은 없다.

국도 인근 (D/ 컬러)

비상 깜빡이를 켜고 도로에 멈춰 선 고속버스.
산사태로 무너져 내린 약간의 돌들과 쓰러진 나무가
있다. 기사의 안내에 따라 사람들이 이동을 하고 있다.

> 기사   저쪽으로 가세요. 저쪽으로.
> (은호에게) 학생 빨리 올라가.

Cut to.
산사태 현장에서 약간 떨어져 있는 공간.
사람들이 옹기종기 모여 있다.
다른 차 한 대가 승객을 태우고 사라진다.

정원이 디카를 꺼내 주변을 기록한다.
정자를 담으려는데 카메라 안에 들어오는 은호.

      정원   저... 좀 비켜줄래요?
      은호   아. 넵.
      정원   (셔터를 누른 후) 됐어요!

은호 어색하게 정원을 스쳐 가는데,
정원이 은호를 부른다.

      정원   저, 그거 나 줘요.
      은호   뭐요?
      정원   그림이요.
      은호   아....걱정마세요.
                제...제가 폐...폐기...
      정원   정말요? 폐기했어요?
                 아, 가지고 싶었는데...

정원이 뒤돌아 걷기 시작하자
은호가 정원의 뒷모습을 바라본다.

      은호   저기요.
      정원   ...

은호 가방을 열어 스케치북을 꺼내 정원의 그림을
정성스레 뜯어서 준다.

　　　　정원　아, 네. 고마워요.

은호는 대충 인사하고 그 자리를 벗어난다.
그때 다마스 한 대 도착한다.

　　　은호부　이은호!
　　　　은호　아따, 아부지! 산이 무너졌어야.
　　　은호부　저거 언젠가 무너질 줄 알았어.
　　　　　　　얼른 타.

다마스 타려다 정원을 바라본다.

　　　　은호　(아빠에게) 잠깐만!

은호 탁탁탁 뛰어 정원에게 다가가자 정원의
의아하다는 표정. 둘이 보는데.

공항 인근 호텔 로비 (N/ 흑백)

작은 로비가 떠밀려온 사람들로 바글바글하다.

너도나도 카운터에 외친다.

승객1 여기요. 얼마나 더 걸려요?

카운터 잠시만요.

승객2 (영어) 방 없으면 다른 호텔로 가야
       하는 거예요?

카운터 네. 그래요. 좀 기다리시면 다른 호텔로
       안내해 드릴게요..

승객3 아니, 얼마나 더 기다려야 하는데요!

카운터 죄송합니다. 그건 항공사에서 처리할
       문제입니다.

승객4 이게 말이 돼요? 호텔을 몇 번을 옮겨!
       그냥 담요 줘요. 로비서 버티게.

사람들이 항의하는 가운데, 그들을 헤치고 겨우
카운터 직원과 대면하는 정원.

정원 (영어) 방... 방 있나요?

카운터 (영어) 정말 죄송합니다. 저희 호텔은
       방금 이 분을 마지막으로 마감되었어요.
       번거로우시겠지만 다른 호텔 안내까지
       기다리셔야 합니다.

정원, 옆에 선 '방금 이 분'을 본다. 은호다.
소란 속에 잠시 말을 잃는 두 사람.

호텔방 (N/ 흑백)

캐리어를 들고 들어오는 은호, 정원.
정원과 은호는 방을 둘러본다. 은호가 TV를 켠다.
태풍과 관련된 현지 뉴스가 나오고 있다.
어색한 마음에 리모컨으로 이리저리 채널을 돌리는
은호. 역시 태풍 뉴스에 멈춘다.

은호   캐슬린이 여기는 지나갔는데,
        한국이 엉망인가 봐.
        뭐래더라 근 80년 만에 가장 큰
        태풍이래. 들었어?

정원   응 들었어.

은호   어후, 야시장 다 망가졌겠다.

정원   야시장?

은호   응. 호텔 맞은 편 건너에서 열려.
        거기에 밤이면 사람들이 바글바글해.
        너 가본 적 없지?

정원   가봤어. 맞은 편 강가에 절도 있고.

은호   오, 잘했네 너 들었어? 이번 태풍이
        80년 만에 초강력이래.

정원   아까 그 말 했잖아.

은호   …

잠시 정적. 서로 마주 본다.

> 은호 오랜만이야.
> 정원 응. 오랜만이야.

다마스 차 안 (D/ 컬러)

은호부가 운전하는 다마스.
뒷좌석에는 은호와 정원이 타고 있다.

> 은호부 터미널에 내려달라고?
> 정원 네. 맞아요. 감사합니다.
> 은호부 정원이는 그럼 여기가 고향이야?
> 정원 아뇨. 고향은 아닌데 여기서 자랐어요.
> 은호부 아. 그게 고향이지 뭐. 06 학번이면
> 둘이 친구네. 친구.
> 은호 아빠. 저 3수했어요.
> 은호부 다 거기서 거기지. 말놔. 서로.
> 은호 아빠 가만히 있어.
> 정원 하하.
> 은호부 배는 안 고파? 밥 먹고 가.
> 내가 식당을 하는데. 자랑은 아니고,
> 우리 식당이 나름 유명해.

은호   아부지! 터미널로 가세요.

은호부   왜? 굳이 말하지 말까? 맛보는 순간,
           아! 여기가 바로, 이 지역 맛집이구나
           할 테니까.

은호   이 분 바쁘셔요!

정원   안 바빠요. 메뉴가 뭔데요?

은호식당 (D/ 컬러)

김이 모락모락 나는 칼국수와 잘 차려진 반찬들.

은호부   불짬뽕칼국수!

정원   우와!

은호부   이건 써비스.

은호부가 낙지탕탕이를 내민다.

정원   우와! 우와! 우와!

은호부   사정없이 조샀어!

정원   (사진을 찍으며) 잘 먹겠습니다.

한 젓가락 맛보는 정원. 정원의 얼굴이 환해진다.

　　　　정원　맛있어요!

은호, 잽싸게 물컵에 물을 담아 정원의 테이블에 놓고
다시 근처를 어슬렁대자

　　　　은호부　(은호에게) 어메, 뭐하냐. 일루와, 어서
　　　　　　　　먹어. (정원에게) 반찬은 입에 맞아?
　　　　정원　최고예요. 최고.

잘 먹는 정원을 흐뭇하게 보는 은호, 은호부.

Cut to.
식사를 다 마친 정원은 은호의 어릴 적 사진 등을 보고
있다. 은호는 테이블을 닦고 있다.

　　　　은호부　(주방에서) 은호야,
　　　　　　　　엄마한테 언제 가지?
　　　　은호　내일 오전?
　　　　은호부　비 더 안 오까?
　　　　은호　비 와도 괜안치. 납골당 실낸데.
　　　　은호부　아니, 니 엄마가 비를 좋아하니까.

은호 잠시 아버지를 바라본다.
정원이 어린 은호와 은호 엄마가 같이 찍은 사진을
쳐다본다.

정원 (사진을 보며) 이분이... 엄마?

은호 응. 우리 엄마.

정원 아... 예쁘시네.

은호 그치? 나 엄마 닮았어.

은호부 (멀리서) 너 날 닮았어.

정원 <u>호호호.</u>

정원은 가게를 둘러본다.

은호가 스케치한 그림들도 액자에 놓여 있다.

정원 이거 다 네가 그린 거야?

은호 아니 엄마가 그린 것도 있고.

　　　내가 그린 것도 있고. 그림체가 비슷해.

정원 너... 미술 전공?

은호 아니 컴공과.

정원 컴.. 공과?

은호부가 부엌에서 병을 하나 들고 나온다.

은호부 (은호에게 병을 내밀며) 이것 좀

　　　따봐...어메 안 열리네.

은호가 병을 열려고 하나 잘 열리지 않는다.

은호가 잡고, 아버지가 열려고 하나 잘 열리지 않는다.

병을 달라고 하는 정원. 한 방에 힘을 주니 "뻥!"
장쾌한 소리와 함께. 열린다.

은호,은호부　우와!

정원　(병을 내밀며) 밥값이요.

은호와 은호부 박수를 친다.

#12

은호식당 앞 (D/ 컬러)

정원이 디카로 가게를 찍는다. 그리고 은호와 은호
아버지 사진도 찍는다. 스쿠터. 은호와 정원이 타고,
은호부가 배웅한다.

정원　잘 먹었습니다!

은호부　반찬 가져가지. 후회할 텐데.

정원　아니에요. 아니에요.

은호부　또 와. 언제든지.

정원　감사합니다.

은호부　(은호에게) 운전 잘 할 수 있지?

은호　아, 그럼.

은호부　잘 데려다 줘.

은호　어.

은호 허리를 잡는 정원. 은호 의식이 된다.
출발하는 스쿠터. 은호부 멀어지고, 은호가 외친다.

  은호 어디루 가라구?
  정원 일단 마트에서 뭐 좀 사자!

해변마을 도로 (D/ 컬러)

한 손에 종합과자선물세트를 들고 뒷자리에 탄 정원.
정원을 태우고 달리는 은호를 동네 어귀에서 고스톱
치며 막걸리 한잔하던 주민들이 보고 아는 체 한다.

  주민2 저기 은호 아녀? 은호야~!

주민들을 지나쳤다가, 다시 돌아오는 은호, 정원.

  주민1 음마. 은호야! 여긴 어쩐 일이여?
         서울에 안 있고.
  은호 엄니 기일이어 갖고요.
  주민2 아. (정원을 보며) 여자친구?
  은호,정원 아니에요!!
  주민3 잘 어울리구마.
  주민1 니 핵교는 잘 댕겨?

은호　이제 곧 복학이요.

주민3　니 게임 앵간히 해라.

　　　아부지 걱정이 태산이여.

은호　네. 네. 저 가요.

스쿠터 붕- 출발.

늘푸른 보육원 앞 (D/ 컬러)

종합과자선물세트를 들고 파란 대문의 보육원
앞에 선 정원. 그 옆의 은호.

정원　잘 가! 고마워.

은호　뭐 필요하면 내 전화번호나...

정원　잘 가!

은호　싸이 주소나..

정원　가!

은호　응. 안녕.

은호의 스쿠터 떠난다.
조심스레 안을 들여다보는데... 선생님이 나오신다.

선생님　아. 누구?

도로 (D/ 컬러)

스쿠터를 타고 달리는 은호. 잠시 멈춘다. 보육원
건물 앞에서 선생님과 대화하는 정원을 발견한다.
은호, 출발한다. 유턴해서 다시 정원에게 간다.

#16

늘푸른 보육원 앞 - 골목 (D/ 컬러)

정원 원장님 계세요?

선생님 원장님 휴가라 집에 가셨는데.

정원 집이요?

선생님 그쵸, 원장님 집. 여기가 진짜 집은
아니니까. 혹시 여기 출신이에요?

정원 네.

선생님 그럼 들어왔다가요. 다른 선생들도
있응게.

정원 (끄덕) 아... 아니에요. 그냥, 이것,
애들 주세요.

과자를 건네고 꾸벅 인사하는 정원.

정원이 보육원을 나와 골목을 걸어가는데...
뒤에서 보던 은호 스쿠터 쫓아온다.

> 은호 어이! 일 다 봤어?
> 정원 어... (하늘을 올려다보며)
>   오늘 몇 시쯤 해가 질까나?
> 은호 왜?
> 정원 (비키라고 턱짓) 내가 몰게. 뒤에 타봐.
> 은호 오!

정원이 은호의 스쿠터에 탄다. 은호의 손이 정원의
허리를 잡지 않고 허공을 헤매자...

> 정원 잡어!
> 은호 응.

붕- 떠나는 스쿠터.

해변 (D/ 컬러)

해변으로 오는 정원, 은호. 쏴아-쏴아- 파도가 친다.
은호와 정원이 해변의 한 지점에 섰다.

Cut to.

정원이 스카프를 바닥에 깔고 주변의 자갈들로 고정한 다음, 그 위에 앉는다. 넓적한 돌을 턱 놓고, 그 위에 돌 세 개를 탑처럼 쌓는다. 은호도 옆에 쪼그리고 앉는다.

> 정원   다들 집에 갈 때, 명절이나 방학 그럴
>   때, 난 여기 오거든.... 궁금해. 집으로
>   돌아간다는 느낌은 뭘까.
>
> 은호   (어땠더라) 아, 집이다?
>
> 정원   난 집을 만들고 싶어. 내 집.
>
> 은호   난 게임 만들고 싶은데.
>
> 정원   만든다고?? 게임을?!
>
> 은호   응. 게임은 있잖아, 엔딩을 내 맘대로
>   할 수 있거든. 다양하고 재미있는
>   엔딩을 만들고 싶어.
>
> 정원   우와. 그래서 컴공과를 간 거야?
>
> 은호   응. 넌 집 만들고 싶다면서 왜 건축과로
>   안 갔냐?
>
> 정원   사회복지학과로 써야 장학금이 나왔어.
>   뭐 선택할 여유가 있냐?

마지막 과정으로 정원이 가방에서 초를 꺼낸다. 라이터로 불을 붙인다.

은호 뭐하는 거야?

정원 소원 비는 거야. 태양이 바다에 딱!
      닿을 때부터 사라질 때까지 소원을
      100번 반복하면 이루어져.

은호 누가 그래?

정원 내가 그래.

은호 네가? 허,
      너 혹시 알바로 점도 보고 그래?

정원 효과 있어. 진짜야. 나 봐.
      나도 대학 갔잖아. 너 그거 쉬운 거
      아니다. (돌 주며) 자, 너도 해봐.

은호 쫌 무서운데.

정원 싫음 하지 마. 오! 지금이다!
      숫자 잘 세라.

태양이 서서히 바다를 물들이고 있다.
망설이던 은호도 얼른 돌 세 개를 주워 쌓고 손을
모은다. 정원 말없이 두 손을 모으고 집중하고 있다.
은호 역시 두 손을 모으고 기도하는 시늉해보지만,
신경은 온통 정원에게 가 있다. 석양을 받은 정원의
옆모습. 정원을 가만히 쳐다보는 은호.

#18

호텔방 (N/ 흑백)

맥주를 들고 와 테이블에 놓는 은호.
테이블에 놓여 있는 은호의 명함을 집어 올리는 정원.

```
┌─────────────────┐
│  제이슨 소프트    │
│  팀장 이은호      │
└─────────────────┘
```

정원 (테이블 위 명함을 집으며)
      제이슨 소프트?
은호 어? 어.
정원 좋은 데 다니네.
은호 좋았지. 근데 퇴사했어.
      이번이 마지막 출장.
정원 왜?
은호 이직 제안이 와서.
정원 오~ 더 좋은 데가 있어?
은호 미국에서.
정원 미국?
은호 응. 2주 후에 들어가.
정원 아.
은호 너는 여기에 어쩐 일로? 관광?
정원 아니, 나두 일로.

은호　어, 일...? 무슨...?

정원　(말 돌리며) 너 영어 못하지 않았냐?

은호　대충 했어.

둘이 웃는다.

은호　와 실감이 안나네. 니가 여기 있다는게.

정원　그러게. 옛날 생각난다.

은호　그땐 정말 빡세게 살았는데.

#19

정원/은호 몽타주 (컬러)

서울, 2009년 봄.

정원의 고시원. 새벽.

작은 창. 커튼을 젖히자 새벽 빛이 들어온다.

시간은 5:30. 기지개를 켜는 정원.

(시간 경과)

빠르게 가방을 싸기 시작한다.

책상 위에 놓인 통장. 그 위에 붙어 있는 포스트잇엔

13일-월세/25일-카드값　등이 적혀 있다. 열어보면

총잔액 72만. 탁 덮고 가방 들고 나서는 정원.

버스. 아침.

버스에서 흘러나오는 라디오 소리.

라디오 V.O

미국발 금융위기 사태로 2009년 한국

경제시장도 여지없이 얼어붙고 있습니다...

정원NA   그래. 서울은 누구에게나 빡세다.

주유소. 낮.

유니폼을 입은 정원,

바쁘게 움직이며 주유한다.

정원NA   처음부터 서울에 살지 못했던 사람한텐,

열 배로 빡세다.

고깃집. 밤.

불 넣는 정원. 상 차리고 치우는 정원. 눌어붙은

불판은 잘 닦이지 않는다.

건축 동아리 모임. 저녁.

'건축 동아리 세움 정기총회'라고 쓰인 현수막.

선배 민재가 자신이 만든 건축 도면을 후배들에게

자랑 중이다. 정원 또래의 학생들이 신기하게

모여들어 바라본다. 정원의 친구 윤진이 정원을 끌고

민재의 도면 가까이 다가간다. 건축 도면을 보는
정원의 눈이 빛난다.

　　　정원NA　항상 떠돌았던 나는 어딘가에 정착하고
　　　　　　　싶었지만,

동호대교. 밤.
귀에 MP3를 꽂고 단어장을 외우며 차들이 쌩쌩
달리는 다리를 걷는 정원. MP3 안에서는 토익
리스닝이 흘러나오고 있다. 문득 고개를 들어
한강변의 야경을 보는 정원. 반짝이는 아파트의
불빛들.

　　　정원NA　서울은 마치...콘크리트 바닥처럼
　　　　　　　단단하고 차갑다. 비집고 들어가
　　　　　　　뿌리 내리기에는... 그래도 언젠간...
　　　　　　　내 집이 생기겠지?

고시원. 밤.
좁은 정원의 방. 책상 위 작은 등이 켜 있고
어설프지만 정성스럽게 만들어둔 작은 건축물
미니어처가 보인다. 정원의 책상에는 사회복지학
전공서적과 건축 관련 서적이 뒤섞여 있다. 낡은
노트북 모니터엔 싸이월드가 열려 있다.
옆방에서 노래 소리와 쿵쾅대는 소음이 들리자

정원이 벽을 쿵쿵 친다. 대답처럼 "씨발!" 고개
절레절레하며 사진들을 훑어본다. 지난 여름, 은호
만난 날 찍었던 사진 두어 장이 올라와 있다. 문득
검색창에 이은호 를 검색해 보는데... 좌라락 뜨는
이은호들. 몇 개 클릭하다 은호의 싸이월드를 찾았다.
다소 아티스트 갬성의 은호의 싸이월드. 일촌 신청을
누르려다 넘긴다.

#20

피씨방 (D/ 컬러)

싸이월드에서 한정원 을 클릭 중인 은호.
양 옆으로 스타크래프트 중인 승찬과 경석.

　　　승찬　야, 그걸 언제 찾냐.

　　　　　　빨리 들어오라니까.

　　　경석　야야. 시작하자. 1:1?

　　　승찬　어. 버거 쏘기.

드디어, 임현정의 사랑은 봄비처럼... 이별은 겨울비처럼
노래와 함께 정원의 미니홈피가 뜬다.

　　　은호　오케이!

정원의 미니홈피를 들여다보는 은호. 건축과 관련된
글들. 그리고 사진첩. 사진첩에서 '건축 동아리 세움'
단체 사진 속 활짝 웃는 정원을 보는 은호.
정원에게 어깨동무를 하고 실실 쪼개고 있는 남자
선배, 민재가 아주 꼴보기 싫다!

        은호   뭐야.

그 중 주유소에서 찍은 정원의 사진 발견.
사진을 캡처해 확대해 보는 은호.

        은호   S-오일...
                  (옆의 승찬, 경석에게) 승찬아.
                  내가 기름 넣어줄게. 가자.

승찬의 차 키를 들고 벌떡 일어나 달려 나가는 은호.

        승찬   어? 갑자기 기름?
                  아, 오랜만에 이기고 있었는데.
                  야 만땅 넣어주냐?
        경석   어디가~ 이씨.

승찬, 경석 은호를 따라 나간다.

#21

주유소 (D/ 컬러)

주유 중인 정원.
마티즈 한 대 다가온다. 창문을 찍 열고 승찬의 얼굴
드러난다.

　　　　승찬　5천원이요.

정원의 '애들은 뭐야'하는 표정.
갑자기 뒷 창문 내려지면 놀란 듯 연기하는 표정의
은호의 얼굴.

　　　　은호　어? (기도손) 사이비!
　　　　정원　오오오오오~!!! 불짬뽕!!

정원도 은호를 알아보고 활짝 미소 짓는다.

　　　　정원　너 여기서 뭐해?
　　　　은호　기름 넣으러 왔지. 너 여기서 알바해?
　　　　정원　응.

#22

은호 몽타주 (컬러)

대학 캠퍼스.

윤진과 함께 누군가에게 전화하는 정원.

저기서 전화를 받고 있는 은호와, 경석, 승찬이 손을
흔든다! 왁스 떡칠에 누가 봐도 상당히 꾸미고 온 세
명의 복학남...!

도서관.

끄적끄적... 게임 캐릭터를 그린다. 여자 캐릭터 옆에

| 이름: 정원 | 썼다가, 지우고 | JANE | 이라고 적는다.

게임 동아리방.

'게임으로 백억번다' 플래카드 옆, '대학생 게임
공모전 포스터'를 붙이는 결연한 손길. 은호와 승찬과
경석, 도원결의 하듯 포스터를 바라본다.

주유소.

정원과 같이 주유소 알바 중인 은호.

정원은 기름을 넣고 있고, 은호는 생수통을 들고
차주에게 준다. 정원을 몰래 바라보는 은호의 눈빛.
정원이 은호를 바라보자, 은호, 고개를 돌린다.

   정원.은호   안녕히 가세요.

차가 떠난다.

아지트 술집.
취한 채 깔깔대는 은호, 정원, 승찬, 경석, 윤진.
은호의 눈길은 늘 정원에 머문다.

동호대교.
차들이 쌩쌩 달리는 시끄러운 동호대교에서 바라보는
야경. 산꼭대기에서 야호- 하듯, 취한 채 야경을 향해
소리 지르는 은호와 정원네 친구들.

경석   대기업 공채 붙고 싶다-!
승찬   가자! 실리콘밸리!
윤진   미국 가서 살고 싶다!
정원   서울에서...
        (크게) 서울에서! 내 집! 마련!
윤진   뭐야 그게 다야? 꿈이 너무 작다.
경석   아냐. 그 꿈 작지 않다!

이 모든 대화를 지켜보던 은호,
가장 크게 소리친다.

은호   내 게임으로! ... 백억 벌기!!!!
승찬   (어깨동무하며) 그래 백억 벌자!

경석 (불리자드 구호시작) 불리자드!
    불리자드!
정원 아, 또라이들.

쫘- 소나기가 내린다.
모두 소리치고 웃으며 뛰어간다.

#23

주유소 앞 (D/ 컬러)

은호, 사무실에서 음료수를 받아 주유 중인 차 한 대에
가져다주고 다시 돌아온다. 멋을 낸 복장에 풍선껌을
씹으며 윤진이 은호에게 미소 지으며 서 있다.
의아한 표정의 은호. 이어 사무실에서 나오는 정원.
정원은 원피스를 샤랄랄라 차려입었다.

은호 니네 어딘가? 이렇게 험악하게 입고.
정원 좋은 데.
은호 거기가 어딘데?
윤진 세움.
은호 뭘 세워?
윤진 아하하. 세움이라고 싸이클럽 있어.
    건축동아리. 오늘 선배 한 명이 취뽀
    기념으로 술 산다 해서.

은호 선배? 누구?

정원 말하면 알아?

윤진 같이 갈래? 경석이랑 승찬이도
      불렀는데.

은호 나? 내가 거길 왜 가?

정원 그래. 얘가 거길 왜 가?

#24

호프집 (N/ 컬러)

시끄러운 호프집.
정원의 건축 동아리 사람들이 전세 내고 둘러앉았다.
은호와 뒤의 경석, 승찬 서서 인사 중이다.

은호 저는 건종대 컴공과 2학년 이은홉니다.
      만나서 반갑습니다.

어색한 박수. 셋이 앉자...

민재 (은호에게)아, 겜보이~
      얘기 많이 들었어요.

은호는 민재를 바라본다. 럭셔리해 보이는 모습.
매우 마음에 들지 않는다.

클럽장 　자, 자. 우리나라 3대 건축사무소 중
　　　　하나인 가우디에 가뿐히 입사한 우리
　　　　클럽 세움의 간판! 미래의 건축사
　　　　강민재님이 한마디 하시겠습니다.
민재 　(일어나) 여러분. 감사합니다. 오늘은
　　　　제가 쏠 테니 마음껏 드시기 바랍니다.
　　　　자. 나가자! 세움!

사람들 환호.
눈을 반짝이고 있는 정원과 윤진. 못마땅한 표정으로
술을 들이키는 은호.

Cut to.
민재 옆에 앉은 긴생머리 여자와 다정히 술을
마시다가 문득 옆자리 정원이를 톡톡 친다.

민재 　정원아.
정원 　네.
은호 　….
민재 　지난번에 네가 디자인한 거 보니까
　　　　너 전공자도 아닌데 감각 있더라.
정원 　제가요?!
민재 　나 진짜 놀랐어. 전공했으면
　　　　장난 아니었을 거 같아.

정원 하... 그래요?

민재 내가 계속 봐줄까?

정원 그럼 좋지만...오빠 바쁘시잖아요.

민재 너한테야 시간 낼 수 있지.

정원 아...고맙습니다.

기뻐하는 정원을 보며 은호가 술을 재차 들이킨다.

Cut to. 호프집 화장실 앞.
민재가 생머리 여자에게 휴지에 구멍을 내서 그
사이로 눈에 갖다 대며 장난친다.

민재 가만있어 봐. 너 눈이 예쁘구나.

생머리녀 아, 뭐야.. 아하하하

이 광경을 목격한 은호. 은호가 둘 사이에 끼어들어
내가 무언가를 보았다는 싸인을 보내지만 두 사람은
장난인 듯 아무렇지 않다. 열받는 은호.

Cut to.
곳곳에서 술 마시는 풍경들. 화장실에서 돌아온 은호.
자리에 정원과 민재가 안 보이자 두리번댄다.
벌떡 일어나 뛰쳐 나간다.

호프집 옆 골목 (N/ 컬러)

호프집을 나온 은호는 이내 정원과 민재를 발견한다.
술 취한 민재는 몸도 제대로 못 가누지만 정원을
뚫어지게 쳐다보고 있다.

민재　정원아...너 나랑 만나볼래?

정원　네?!

민재　내가...내가 잘해줄게.

정원　아...

은호　이런...씨... 은호가 달려온다.

은호　(정원이 대답할세라) 정원아아!!!

정원　왜?

은호　담배 있니?

정원　(빠직) 없어. 이씨...

민재　(화들짝) 정원아. 너 담배피니?!

민재 술기운이 올라오는지 비틀거리다 쓰러진다.

정원　오빠! 괜찮으세요?

정원의 고시원 근처 (N/ 컬러)

취하다 못해 걸레짝이 된 민재를 양쪽에서 부축해
걷고 있는 두 사람, 은호와 정원.

> 은호 뒤지게 무겁네 진짜.
> 정원 아 미치겠다. (민재에게) 오빠! 집이
>   어디예요? 동네 방범대 앞에 멈춘다.
> 은호 어떻게, 이쯤에서 경찰들에게 넘길까?
> 정원 야아!

정원의 고시원 (N/ 컬러)

털썩, 좁은 침대에 민재를 누이는 두 사람.
침대와 책상을 제외하면 남은 바닥 공간은 손바닥만
하다. 옆 방에서 욕하는 소리 등이 들리자, 정원이
벽을 쾅쾅 내리친다. "씨이발!" 욕이 돌아오자,
은호가 주먹을 불끈 쥔다.

> 정원 (말리며) 괜찮아. 맨날 저래.
> 은호 뭔 일 생기면 우리 집으로 와.
>   화분 밑에 열쇠 있어.

정원 진짜?

은호 응. 진짜.

정원 고마워. 가, 이제.

은호 잠깐만 쉬었다 가자. 아, 힘들어.

좁게 끼어 앉은 은호와 정원.

은호가 앉아서 아주 좁지만 최선을 다해 정리해둔
듯한 정원의 방을 둘러본다. 천장에 붙은 별, 정원이
만든 미니어처에 시선이 머문다.

정원이 책상 위 작은 초들에 불을 붙이고, 은호 옆에
다시 앉는다. 민재가 뒤척인다.

은호 (민재를 보고) 좋냐?..

      (던지듯) 막 사랑하냐?

정원 그런 거 아냐... 그냥...건축가,

      멋있잖아. 집을 자기 손으로 만드는

      사람, 신기하잖아.

은호 (삐죽) 건축 사무소 신입사원이 무슨

      건축가냐? 가서 널빤지나 들겠지.

      네가 배우면 넌 바로 건축사 될걸.

정원 핫, 건축사가 얼마나 힘든 건 줄 알아?

      건축학과 졸업해야 하고

      관련 회사에서 적어도 5년은 근무해야

      시험 볼 자격이 주어지는 거야.

      아무나 하는 게 아냐.

은호 아아, 아무나가 아니구나.

정원 나한테 잘해주겠대.

은호 참나. 뭐 심장이라도 떼 준대?

정원 심장을 왜 떼줘? 이 미친놈아.

　　　내가 심장이 아픈 것도 아닌데.

은호 아 은유아! 은유! 메타포.

　　　아, 진짜 너는 감수성이...

정원 시끄러.

은호 그래서, 만날 거야?

정원 음.. 글쎄...몰라.

은호 아. 나두 여자 친구 생기면 잘해줄 건데.

정원 없잖아.

은호 응. 꿈도 못 꾸냐?!

정원 <u>흐흐흐</u>. 가라. 이제.

은호 어? 지금? 버스도 없는데?

　　　나 자고 갈 거야.

정원 아우, 좁아. 여기서 어떻게 셋이 자아!

은호 새우등을 하며 눕는다. 아무리 건드려도
꼼짝 않는 은호. 정원은 웃음이 난다.

Cut to. 아침.
새들이 요란하게 울고, 눈을 뜨는 민재. 낯선 풍경.
여기가 어디지? 그때 누군가의 손이 민재의 얼굴을
감싼다. 민재 몸을 돌려보면 그 손의 주인은...

은호다.
뜨헉! 몸을 일으키는 민재.

#28
주유소 앞 길거리 – 주유소 (D/ 컬러)

백팩을 메고 안경을 쓴 채 시계를 보며 다다다다
달려 주유소 앞에 서는 은호. 주유소에서 알바하는
정원에게 손을 번쩍 치켜들어 흔들어 본다.
정원도 손을 흔든다.

> 은호 야 한정-! 엇.

정원에게 다가가 서는 미니쿠퍼.
민재가 차에서 내리자 정원이 활짝 웃으며 사무실
안으로 들어간다.
… 실망감과 짜증이 치민다! 은호, 천천히 걸어간다.

> 민재 안녕. 이은호씨.
> 은호 (가볍게 목례하고) 어디 가세요?
>   아침부터?
> 민재 가까운 바다요. 정원이가 좀 답답해하는
>   거 같아서. 제가 디자인한 카페도
>   보여줄 겸. 검사검사.

은호   ...자고 와요?

민재   네?

정원이 가방을 들고 나온다.
민재가 정원의 손을 잡고,
은호는 그 손에 눈길이 간다.

정원   은호야. 고마워. 12시까지만 있으면 돼.

정원은 차를 타려다 돌아와 은호에게 가까이
다가온다.

정원   (귓가에 대고) 나 어때? 예뻐?

은호   (잠시 응시하고 옷을 정리해주며) 응!
       진짜 예뻐. 바다 잘 봐.

둘은 차를 타고 사라진다. 쓸쓸한 은호.

민재네 아파트 주차장 (D/ 컬러)

차 안.
차가 아파트로 들어선다.
의아한 눈빛으로 민재를 보는 정원.

민재 아, 내가 뭐 안 갖고 온게 있어가지고.

정원 아.

민재 왜 이리 긴장해. 후후. 내리자.

정원 어... 저두요?

민재 응.

그때, 차 창문 똑똑똑.
창문 내리는 민재. 중년의 여자가 서 있다.

엄마 아들.

민재 (당황) 엄마. 교회 안가셨어요?
      밤에 오신다더니.

엄마 그렇게 됐어.
      (정원에게) 어머! 안녕하세요?

여자가 정원을 쳐다본다.

#30

게임 동아리 (D/ 컬러)

은호는 인터넷으로 바다 카페 등을 검색 중.
"에라잇."하고 게임 만들기에 집중하려는데, 승찬과
경석이 들어와 쭈뼛대며 눈치를 본다.

은호   왜? 뭐? 뭘 잘못한 거야?

      … 야, 공모 2주 남았다?

경석   은호야, 공모전도 중요한데, 우리가

      안됐을 경우도 생각해야 하잖아.

은호   그래서?

경석   그니까 우리 아무래도 학점 관리를

      해두는 것이…

은호   뭐?! 이제와서 배신하겠다는 거야?

      (승찬이 보며) 둘 다?

승찬   (은호 어깨를 다독이며) 야, 야.

      흥분하지 말고. 나도 처음엔 경석이

      새끼 너무한다 싶었는데, 듣다 보니까

      괜찮더라고. 아예 지금부터 다같이 취업

      스터디로 틀어서…

은호   (설득하듯) 박승찬.

      월급으로 백억 못 벌어!

승찬   …그치만 월급으로… 주식을 한다면

      어떨까?

은호, 눈으로 욕한다.

경석   가자, 승찬이가 술 사줄게.

은호   싫어. 놔아! 놔아!!!

경석과 승찬, 은호를 질질 끌고 나간다.

#31

고시원 (D/ 컬러)

고시원 작은 창문으로 빛이 들어온다.
그 작은 빛을 가만히 바라보는 정원.
깊은 절망감이 느껴지는 정원의 눈빛.
옆방에서 쿵쿵대고 밖에서 싸움을 하는지 욕설하는
소리가 들려온다.

#32

아지트 술집 (D/ 컬러)

낮술 마시는 세 사람. 술집 안에는 나의 바다로~ 가
울려 퍼지고 있다.

> 승찬   그리고 이제 모바일 게임이 대세야.
>   너 계속 PC게임만 생각하지 마.
> 은호   시끄러. 배신자 새끼야.
> 경석   그래, 나두 PC가 더 매력 있다고 봐.
>   이 감성이 달라요.
> 승찬   뭐가 달라. 다르긴.

대세라는 건 이유가 있는거다. 너.

은호는 경석과 승찬의 옥신각신에 신경 안 쓰고 벽에
붙은 바다 사진의 맥주 광고 포스터를 뚫어지게
쳐다본다. 바다를 배경으로 서 있는 남녀 모델.
매우 마음에 안 든다.
갑자기 테이블 위로 올라가 케첩을 들고 포스터에
마구 뿌린다. 은호의 일격에 당황한 경석과 승찬.

    경석.승찬   은호야! 왜이래!
      승찬   진정해라!
      경석   미안해! 미안해! 은호야!
      사장   야! 니들 왜 이래? 낮술 먹고.
      경석   사장님 죄송합니다.
            애가 지금 충격을 받아가지구요.
      승찬   저희가 백억을 포기했거든요.

사람들이 떠드는 동안 벨이 울린다. 은호가 받는다.

      은호   어? 어?!

갑자기 달려 나간다. 남은 사람들 황당하게 쳐다본다.

#33

은호 자취방 앞 (D/ 컬러)

빌라촌 앞에 가방과 캐리어를 들고 서 있던 여자가
돌아본다. 정원이다. 시무룩해 보이는 정원.
땀을 뻘뻘 흘리고 온 은호를 보자 씨익 웃어준다.

은호 정원아!
정원 너 얼굴이 왜 이리 빨개. 술 마셨어?
은호 아냐. 경석이 고민 있다 해서.
　　　(짐 보며) 살러 온 거야?
정원 …
은호 들어가자.

#34

은호 옥탑자취방 (D/ 컬러)

계단.
정원의 짐을 들고 올라가는 은호, 입꼬리가 귀에
걸렸다!

은호 아이 진짜 내가 원래 깨끗한데.
　　　아휴 진짜.

자취방 안.

캐리어를 낑낑 들어 현관에 놓는 정원. 방을 둘러본다.
은호 말마따나 지저분 그 자체지만 고시원보다는 훨씬
넓고 창도 있다. 여기저기 붙은 외국 게임 포스터들.
널려 있는 빨래와 팬티.
은호가 그제야 허겁지겁 먼저 들어서서 빨강 팬티
등을 마구 치운다.

> 은호   이거나 쐬고 있어.
>   (선풍기를 정원 쪽에 돌려준다)
> 정원   …

왱- 선풍기 바람 속에 어색하게 앉아 있는 두 사람.

> 정원   안 물어봐?
> 은호   어? 뭘?
> 정원   왜 깨졌냐고?
> 은호   깨졌어?
> 정원   응.
> 은호   뭐, 깨질만 했나부지. (입꼬리 씰룩)

정원이 숨을 고르더니 입을 연다.

> 정원   민재 오빠 엄마 만났다.
> 은호   아니, 바다 쪽에 사셔?

정원 아니 그게 아니구, 우연히 만났는데,
호구조사를 하더라구. 그래서 솔직하게
부모님 안 계시고 고시원 산다고 했더니
막 얼굴이 벌게지더니 눈물이 고이는
거야.

은호 눈물?

정원 내가 불쌍하대.

은호 미친...

정원 아줌마는 횡설수설하는데 결론은
그거더라구. 돈은 없어도 된다. 하지만
좋은 가정환경은 중요하다. 나두 그렇게
생각해. 근데... 어쩌라구?
강민재는 입 꾹 닫고 한마디도 안
하더라구.

은호 뭐 아침드라마 찍냐?

정원 고시원에 돌아와 멍하게 앉아 있었어.
근데 쬐끄만한 창문으로 햇빛이
손바닥만 하게 들어 오더라구.
...아, 난 햇빛도 이것밖에 못
가지나보다. 이 딱 손바닥만큼만.
그래서, 슬펐어. 그랬다고.

은호가 일어선다. 창의 커튼을 걷는다.
넓은 햇살이 정원에게 쏟아진다. 눈부시게.

은호　자, 이거 너 가져.

울컥한 정원 잠시 말이 없다. 이윽고 힘내서...

정원　기숙사 붙을 때까지만 있을 거야.
　　　당분간만. 월세는 딱 반땡. 이십만,
　　　사기는 치지 마라 내가 니 월세 빤히
　　　아니까 그리고-
은호　잘 왔어.
정원　...
은호　웰컴이라고.
정원　...

그때, 딩동- 똑똑똑! 깜짝 놀라 서로를 바라보는
은호와 정원. 살짝 문을 여는 은호. 문밖에는, 어쩐지
굉장히 청초한 느낌의 흘리는 듯 한 여인이 노트북을
들고 서 있다.

옆방여자　은호 집에 있었네. 나 노트북이 또
　　　　　고장... 어? (정원 보고) ? 애인?...
은호　　　아...그냥...
정원　　　네, 부랄친구라고 하죠.
옆방여자　아아- 부랄. 재밌는 친구네. 나 이거
　　　　　쫌만 봐줄래?
은호　　　예, 누나 들어오세요.

68

컴퓨터를 받아 들고 열심히 살펴보는 은호.

그를 빤히 보는 옆방 여자.

심술이 차오르는 정원.

　　　　은호　이거 밀면 되는데... 밀어 드려요?

　　옆방여자　응. 밀어. (귀에 머리를 넘기며)

　　　　　　　싹 다 밀어.

정원은 그녀의 여우짓이 짜증 난다.

그때 밖에서 누군가 부르는 소리가 들린다.

　　남자(V.O)　자기야!

　　옆방여자　어! 잠깐만! (은호에게) 부탁해~!

　　　　　　　싹 다 밀어! 그녀가 사라진다.

　　　　정원　(흉내) 싹 다 밀어~~~ 어우 싫어.

　　　　은호　왜? 귀여운데.

　　　　정원　귀여워?! 저게 귀여워?! 그러니까 네가

　　　　　　　모태솔로인 거야. 이성 보는 눈이 글케

　　　　　　　없냐?

　　　　은호　너만큼 없냐?

　　　　정원　(풀이 팍 죽어) 힝.

은호 심술부리는 정원이 귀여운지 미소를 짓는다.

35

은호 자취방 (N/ 컬러)

은호의 바닥에 깔린 얇은 요에 누울 채비하는 정원.
한 공간에서 자는 게 긴장되면서도, 정원의 잠자리가
불편해 보여 신경 쓰이는 은호.

      은호   야! 이리와. 네가 여기서 자.
      정원   싫어, 네 매트리스잖아요.
      은호   너 오늘 힘들었잖아. 오늘만. 오늘만.

은호가 물러설 기미가 안 보이자 정원,
장난을 멈추고 매트리스로 올라간다.

      정원   고맙다.
      은호   불 끈다.
      정원   응.

어둠 속에서 서로 돌아 누운 채 눈을 감지 못하는
두 사람. 옆방에서 신음 소리가 들린다.

      정원   와우.

은호가 MP3를 꺼낸다.

은호　들을래?

이어폰을 정원의 귀에 대준다.
임현정 │ 사랑은 봄비처럼... 이별은 겨울비처럼 │ 음악이
싱그러이 울려 퍼진다.

　　　정원　어? 내 미니홈피 이 곡인데.
　　　은호　(모른 척) 그래? 나 이 곡 좋아하는데.
　　　정원　진짜?!
　　　은호　응. 진짜.

한 짝씩 나눠 낀 이어폰을 따라 흐르는 노래.
잠들지 못하는 두 사람.

Cut to. 새벽.
화장실 물소리. 비몽사몽간에 은호 나와서
습관처럼 매트리스에 털썩 몸을 누이는데...
정원의 다리가 척 올라온다.
그제서야 실수로 매트리스에 누웠다는 것을 깨닫는
은호. 조심스레 바닥으로 내려간다.
간신히 내려간 바닥. 심장이 두근두근.

36

은호 자취방 몽타주 (D/ 컬러)

청소하는 정원, 은호.

자신의 미니어처를 책상에 올려놓는다.
창문을 열어 바람과 햇살을 만끽하는 정원.

둘이 나란히 앉아 밥을 먹는 풍경.
은호가 안 열리는 병을 내밀자 정원이 힘주어 열어준다.

나란히 서서 설거지하는 두 사람.
노래 흥얼거리는 정원을 쳐다보는 은호.

#37

주유소 (D/ 컬러)

햇살에 땀을 흘리며 유니폼을 입고 세차 알바 중인,
정원 그리고 은호! 자동세차장에서 나온 차의 물기를
호다닥 닦고 신나게 오라이 한다.

> 은호　감삽니다!
> 정원　니 빨강 팬티 내가 버렸다.
> 은호　왜?!

정원 구멍이 너무 커. 방구로 뚫은 거야
뭐야?

은호 안돼. 나 공모전 출품할 때 입을 거야.
니가 비슷한 거 다시 사줘!

그때 부웅- 자동세차장에서 나와 멈춰서는 차량,
미니쿠퍼!

은호 어서 오십... !!!

운전석의 남자, 민재다. 얼어붙은 듯 서 있는 정원.
목걸이 선물박스를 내미는 민재.

민재 정원아... 내가 이러면 안되는 거
알지만... 이거 오래 전부터
준비 한 거야. 이것만이라도 받아줘.
제발.

#38

은호 자취방 (N/ 컬러)

목걸이 박스 열려 있고 정원이 목걸이를 바라보다
목에 대본다. 은호 빨래한 수건을 토끼 모양으로 개고
있다. 목걸이 대보는 정원이를 못마땅한 듯 바라본다.

정원이 은호 옆에 달라붙어 앉는다.

> 정원 어떡하지?
>
> 은호 그걸 왜 나한테 묻냐? 절루가,
>   우리 토끼들 건들지 말고.
>
> 정원 질투하는 거야?
>
> 은호 뭐래? 삶이 힘든가 봐. 미쳤어.
>
> 정원 너 솔직하게 말해봐. 나 좋아하지.
>
> 은호 야!? 너 내 스타일 아니거든?
>
> 정원 네 스타일이 뭔데?

그때 멀리 벽을 타고 들려오는 소리!
아아... 아아 오빠악 신음소리다!
동시에 얼굴 붉어지는 두 사람. 아연실색했다가
이윽고,

> 정원 아. 저 언니같은 스타일?
>
> 은호 오늘도 바쁘시네!
>
> 정원 미안하다. 나만 아니면 저 방 가 있을
>   수도 있는데.
>
> 은호 너는 그냥 친구라고 세 번이나
>   말했는데도 선을 안 넘으시더라구.

점점 거세지는 소리, 점입가경.
정원이 데굴데굴 구르며 웃는다.

정원 야, 안되겠어. 우리도 공격하자!

정원이가 신난 듯 눈을 빛내더니 신음소리를 내기
시작한다. 발로 벽을 두드리고.

은호 야! 야! 하지 마!

정원 하아! 핫! 은호얏! 친구끼리 이럼 안돼!

은호 (말리며) 야아! 야! 야! 그만해.

정원 (작게) 나 혼자 하면 너 벌써 체력 끝난
     줄 알걸, 저 언니가?

은호 아, 그건 좀 곤란한데...

정원 은호야! 왜 이래! 끝난 거야.

은호 아니야! 그럴리가! 기다려! 으악.

정원 아악. 아악.

깔깔대며 풀어지는 두 사람. 정원은 웃음 끝에 민재
생각에 머물러 착잡하다. 하지만 아직 낄낄대는 은호.

은호 이제 어떡해. 어떻게 얼굴 봐. 크크크.

#39

호텔방 (N/ 흑백)

맥주 마시고 있는 두 사람.

정원 넌 정말 다 이뤘네... 바랬던 거.
     게임으로 미국도 가고.
은호 너는?
정원 나두 괜찮아. (은호 표정 보며) 뭐야,
     솔직히 말해봐. 너 내가 아주 망하길
     바랬어?!
은호 아냐, 내가 왜 그런 걸 바래.

둘이 웃고 잠시 호흡을 고르고...

은호 어떻게 지내는 거야? 정말?
정원 무서워했던 거 보단, 잘 살아지더라.
     그렇다고 다시 돌아가라면 못 하겠지만.
은호 난 그냥 한 번 정도는 돌아가고 싶었어.
정원 그래?... 언제로?

아지트 술집 앞 (D/ 컬러)

2009년 12월 31일.
연말이라 왁자지껄한 분위기.
은호가 아버지와 전화하고 있다.

은호 네, 네. 아... 구정에 내려갈게요.

네. 공모전 준비하느라구요.

네. 걱정 마세요.

전화하다 민재와 정원을 보자 몸을 숨기는 은호.
술집 문 앞에서 꼭 껴안고 이별하는 민재와 긴
생머리의 정원. 목에는 민재가 선물한 목걸이가
달랑거리고 있다.
민재와 헤어지고 정원 혼자 술집으로 들어간다.
민재가 가기를 기다리는데... 민재 어디론가 전화를
건다.

　　　민재　어, 나 금방 가. 근처야. 오케이.

은호 수상한 눈빛으로 민재를 바라본다.

#41

아지트 술집 안 (D/ 컬러)

연말.
왁자지껄한 분위기.

　　　승찬　(분위기 전환하듯) 아무래도 2차는
　　　　　　우리의 경석이가 쏩시다!
　　　경석　아 왜?!

윤진　맞아, 너 키위톡 인턴 붙었잖아!

승찬.윤진　키위톡! 인턴! 키위톡! 인턴!

경석　인턴 월급 교통비도 안 나와~

정원이 생머리 휘날리며 들어온다.

정원　하이!

승찬　오! (정원을 보며) 이 분위기 뭐야?

윤진　매직했구나. 잘 어울린다.

정원　민재 오빠가 생머리가 좋다 그래서.

은호 들어오며 정원을 보고 놀란 척.

은호　왜 이래? 왜 미역을 머리에 썼어?

정원　야!

윤진　(은호에게) 닥쳐! 이쁘구만.

　　　오늘 오빠랑 데이트 안 해?

정원　야근이래.

은호　쳇. 말이 되냐? 12월 31일에?

정원　알바생인 너가 정규직의 고충을 알아?

술 한 잔 들이키는 은호.

경석　참. 너 공모전은 어떻게 됐냐?

승찬　맞다. 혼자 해서 냈어?

은호가 말이 없다. 정원이 조용히 하라는 표시를
했지만 늦었다. 경석과 승찬, 아차 싶다.

> 정원   야. 공모전 해봤자 대기업에
> 아이디어만 뺏겨. 요샌 그 스팅인가
> 하는 해외 사이트 있잖아.
> 거기에 직접 만들어 올려 히트치면 바로
> 그냥 대박 루트 타는 거야 바보들아.
>
> 경석   (맞장구치며) 맞아. 정원이 말이 맞아.
> 인생 한 방이지.
>
> 승찬   그래 뭐... 도전! 로또도 매주 사는데,
> 도전! 은호 이 새끼 스토리 잘 짜잖아!
> 코딩은 나한테 좀 발려도.
>
> 정원   야, 다 일어나!
> 오늘이 2009년 마지막 날인데
> 2차를 이런 데서 할 게 아니다!
> 오늘 윤진이가 쏜다.
>
> 윤진   갑자기? 내가 왜?
>
> 정원   너 교환학생 됐잖아.
>
> 친구들   오~
>
> 경석   어디?
>
> 윤진   로스앤젤리스.
>
> 친구들   오오~ LA. LA갈비~
> 2차는 LA갈비다!

애들 웃으며 튀어 나간다.

#42

룸 노래방 (N/ 컬러)

고래고래 노래를 열창하는 생머리의 정원.
승찬과 경석의 발라드. 윤진의 발랄한 댄스곡.
이어 은호가 사랑 노래를 열심히 부르지만...
정원은 다음 곡을 고르느라 여념없다.

Cut to. 노래방 앞.
승찬, 경석, 윤진, 은호 즐겁게 취해 있다.

경석.윤진   우리 이리로 갈게.

승찬   나두 같이가아~

윤진   오지마! 안녕! 해피 뉴이어!

은호.정원   안녕! 해피 뉴이어!

헤어지고 둘만 남은 정원과 은호. 달리기 시작한다.

거리 몽타주 (N/ 컬러)

행복한 사람들로 가득한 새해전야의 밤거리.
그 사이를 휘적휘적 걷는 정원과 은호.

정원   우와! 저거 봐봐.

신이 난 정원이 가리키며 달려간 곳에는,
거리의 사람들을 실시간으로 찍어 보여주는
전광판이 있다. 은호와 정원, 전광판을 올려다보며
우스꽝스러운 표정을 지어 보이는데...
정원의 표정이 갑자기 변한다.
전광판 한 켠에 찍히고 있는, 다정한 남자와 긴
생머리의 여자. 생머리녀가 남자의 볼에 뽀뽀하고
있다. 그 남자는 민재다. 정원의 눈이 멍해진다.
은호가 당황하며 정원의 눈치를 살핀다. 정원은
주변을 둘러보며 민재를 찾는다.
다음 순간, 민재가 전광판에서 정원을 알아본다.
전광판 속 민재, 엄청나게 당황하더니 여자의 어깨를
안고 황급히 인파 속으로 사라져 버린다.
얼음장처럼 서늘해진 정원.
그런 정원을 바라보는- 은호.

자취촌 골목길 (N/ 컬러)

비닐봉지에 술을 들고 손에 담배를 든 정원이 노래를
부르며 오르고 있다.
은호가 소주병을 한 손에 들고 병나발을 분다.
노래방에서 부르던 노래를 고래고래 부르며 올라가는
정원과 은호.
컹컹, 개 짖는 소리. 어둑한 골목길을 취한 채 오르는
두 사람.

45

은호 자취방 (N/ 컬러)

컵라면, 초코바, 맥주, 소주가 어지럽게 섞인 작은
개다리상. 그 앞에 옹기종기 앉은 은호와 정원,
이미 만취 그 자체다. 둘이 웃기 시작한다.

> 정원 크... 크크크크.
> 은호 야. 웃겨? 웃기냐? 웃기지...
> 정원 크크크크크크.
> 은호 크크크크크크 졸라 웃겨.

정원과 은호, 만취해서 서로를 두드리며 마구 웃는데

점점 숨 넘어갈 정도다.

    정원 아우 강민재! 이 개새끼. 이 개 잡놈,
             개 쓰레기, 개 씨바...

    은호 부르지도 마! 아예 생각을 하지마.

    정원 아우 씨바..하하하하. 그래 생각하지
             말자. 이건 아무 일도 아니야. 강민재
             개새끼.

    은호 야! 부르지 말라니까, 그 이름! 사람도
             아닌데 왜 이름을 불러!

    정원 알았어. 아...

은호가 리모컨으로 TV를 켠다.
제야의 종소리를 듣기 위해 종각에 모여든 사람들.
새해를 기다리는 환한 얼굴의 사람들.
뉴스를 보던 정원. 술을 원샷하더니 은호의 어깨를
잡는다.

    정원 이은호. 야. 정신 차려. 들어봐.
             2009년은... 행복한 놈들끼리
             차지했잖아.
             불행한 인간들은, 더 불행하구
             비참해지기만 했다고.
             말이 되냐 이게? 어?

    은호 말 안 되지.

은호도 소주를 들이켜더니 같이 무릎을 꿇고 일어서서
정원과 이마를 맞댄다.

> 은호 야 한정원. 보여주자 우리. 2009년은
> 끝났어. 2010년부턴, 성공해서, 원하는
> 거 다 이뤄서... 우리도... (애틋하다)
> 우리도 진짜, 진짜 열심히 살았단 거,
> 자격 있다는 거... 보여주자.

정원, 울고 싶다. 배어져 나오는 눈물을 막으려 히히
웃는다. 은호의 머리를 쓰다듬어주는 정원.

> 은호 너한테 제일 먼저 보여줄게. 알지?
> 정원 (끄덕인다) ... 넌 진짜 잘될 거야.
> 은호야. 내가 알아.
> 은호 넌 정말 정말 행복해질 거야. 정원아.

소란스럽던 TV 속 앵커들이 보신각 앞에서 새해
카운트다운을 한다.

> TV V.O
> 10! 9! 8! 7! ...

정원과 은호, 서로 눈을 마주보며 카운트다운 한다.

정원   육! 오! 사!
은호   삼! 이! 일!

TV 속 새해 종이 울리고 폭죽이 터진다.
그 광경이 창밖으로 멀리 보인다.
정원과 은호, 서로를 안는다.

정원   해피 뉴이어.
은호   새해 복 많이 받아.

서로를 바라보는 두 사람. 은호가 정원에게 키스한다.
스스로도 당황한 듯 은호가 정원을 바라본다.
정원이 다시 은호에게 키스한다.
두 사람, 매달리듯 키스하며 서로의 옷을 벗긴다.
멀리 함성소리, 폭죽 소리.
침대 위로 서로 엉겨 붙으며 파고드는 두 사람.

은호 자취방 (N/ 컬러)

자고 있는 은호.
가방 챙기고 옷 입은 채 가만히 바라보는 정원.

Cut to.

뚜르르... 뚜르르... 자취방에 오도카니 홀로 앉아
전화를 거는 은호. 소주병이 어지럽게 널린, 어딘가
짐들이 비어있는 방안 풍경. 전화 받지 않는지 탁
꺼버린다. 벌떡 일어나 나간다.

#47

은호 자취방 앞 골목 (D/ 컬러)

정원을 찾아 나선 은호.
외투도 안입고 골목을 달리고 있다.

#48

주유소 (D/ 컬러)

헉헉 대며 주유소에 들어선 은호.
매니저 의아한 눈빛으로 은호를 바라본다.

    매니저　왜 벌써 나왔어? 3일부터 아냐?
    은호　정원이 안 왔었죠?
    매니저　아니.

아지트 술집 앞 (D/ 컬러)

가게들 셔터 문에는 신년 휴가를 안내하는 종이들이
붙어 있다. 은호 어디론가 전화 걸고 있다.

은호   어, 윤진아. 정원이 혹시 만났냐?

#50

한강 (D/ 컬러)

정원, 벤치에 앉아있다. 사람들 지나 다니지만
정원은 딱히 갈 곳이 없는 듯 멍하니 앞만
바라보는데…

울리는 전화기. 받을까 고민하는 정원.

#51

은호 자취방 (D/ 컬러)

정원이 전화를 받았다.

은호   야! 한정원. 너 어디야?! 한정원!

정원 나 지낼 곳 찾았어.

은호 야! 장난해? 여기가 모텔방이야?
     니 맘대로 왔다갔다하게! 나갈 거면
     당장 들어와서 니 짐 다 들고 나가.
     그리고, 그동안 방값, 식대 다 내고
     나가!

정원 ...은호야.
     계속 나랑 친구로 지낼 수 있어?

은호 ... (결심한 듯) 아니.

정원 그러니까 난 못 돌아가.

은호 왜?! 왜?

딸깍. 전화가 끊긴다.
은호 속상한 마음에 침대를 마구 친다.

#52

한강 (D/ 컬러)

눈물 고인 정원.
울기 시작한다.

호텔방 (N/ 흑백)

깔깔 웃고 있는 두 사람, 많이 풀어진 분위기.

은호   그때 너 진짜 심했어.
      한 일주일 정도 사라졌었나?

정원   몰라. 기억도 안 나.

은호   너 찾느라 진짜. 내가 강민재한테도
      전화했었잖아.

정원   으악! (낄낄대다)
      하긴 넌 처음이었으니까.

은호   야! 얘가 또 사람을 허투루 보네.

정원   막 옷 벗기니까 약간 움찔! 하던데.

은호   내가? 내-가? 너야말로 긴장해서
      손을 벌벌 떨면서 막-

정원   야! 지어내지 마.

마구 웃으며 서로를 바라보던 두 사람.
웃음이 잦아든다.

정원   그날 안 그랬으면 친구로 오래 봤을까?

은호   글쎄...후회돼?

정원   아니.

고속버스 안 (D/ 컬러)

흔들리는 차창에 고개를 기대고 혼자 앉은 정원.
혼자다.

늘푸른 보육원 앞 (D/ 컬러)

> 시의 결정에 따라
> 당분간 운영을 중지합니다.

멍하니 닫힌 문 앞에 선 정원.
들고 있던 종합과자선물세트를 한참 바라보다가,

은호식당 (D/ 컬러)

종합과자선물세트가 식탁 위에 놓여 있고 정원은 은호
아버지가 차려준 떡국 밥상을 받아 먹고 있다. 은호
아버지가 반찬을 들고 들어와 식탁에 놓는다. 다른
식탁에 손님이 한 명 있다.

은호부 고맙다. 정작 아들은 바쁘다고
       안 왔는데, 네가 이렇게 선물까지 들고
       오고. 내가 과자 좋아하는 거 어떻게
       알았어? 허허.

정원   아... 지금 은호가 엄청 바빠서요.

은호부 그래? 그렇게 바빠?

손님   잘 먹었어.

은호부 응. 가아.

정원 잠시 기다렸다가

정원   네. 개학 전에 게임 개발 마무리한다고
       정신 없더라구요. 엄청 열심히
       하거든요. 이번에 잘 될 거 같아요.

은호부 게임이 잘 되면,
       정말 먹고 살 만 한 거니?

정원   그럼요. 대박 나면 완전! 걱정 마세요.

은호부 난 그냥 개가 밥 벌어먹을 정도만 되고
       몸 건강하면 더 바랄 게 없지.

정원   (반찬을 집으며) 와!
       이건 정말 너무 맛있다.

은호부 아, 정원아. 넌 정말 밥해줄 맛 난다.
       (일어나며) 좀 싸줄까?

정원   아, 아니요..

은호부가 부엌으로 들어가 반찬을 바리바리 싸며.

> 은호부 초등학교 6학년 때, 은호가 게임 씨디
> 사달라고~ 지럴을 하길래 내가 안돼!
> 했더니. 아 시벌!하고 나가더라니까.
> 정원 어우...
> 은호부 3일을 안 들어왔어.
> 정원 헉. 가만히 있으셨어요?
> 은호부 내가 또 가정의 화목을 중요시하잖아.

정원은 부러운 듯 미소 짓는다.

> 은호부 머스마라 그런지 속도 모르겠고, 요새도
> 뭐 물어보면 자꾸 가만히만 있으래.
> 정원 혼 좀 내줘야겠네요.
> 은호부 그래. 네가 혼 좀 내줘라. 얼굴은
> 건들지 말고. 반반하잖아, 나 닮아서.
> 정원 풉.
> 은호부 이거 갖고 가서 은호랑 나눠 먹어.

정원, 어떻게 답해야 할지 몰라 말없이 웃는다.

> 은호부 느그들 싸웠냐?
> 정원 아! 아뇨. 아니요.
> 저희가 싸울 일이 뭐 있어요?

그때 문이 드르륵 열리고 은호 들어선다.

    은호 !

    정원 !

    은호부 (반색) 이은호!

          못 온다더니 어떻게 왔어?!

    은호 너 여기서 뭐하냐?

    정원 나? 떡국 먹어. 맛있다.

은호의 황당한 표정.

#57

은호식당 근처 바닷가 (D/ 컬러)

    은호 한정원!

도망치듯 걷던 정원이 멈춘다. 가만 서 있다가,
획 돌아선다. 아무 일 없었다는 듯 뻔뻔한 얼굴.

    은호 ... 뭐냐고.

    정원 뭐.

    은호 ...

은호, 정원의 얼굴을 보니 기가 찬다.

　　　은호　됐다. 나도 더는 못 해 먹겠다.
　　　　　　잘 살아라.

은호가 돌아서려 하자,
정원이 머뭇대다 소리친다.

　　　정원　이은호!
　　　은호　(홱 돌아보며) 왜?!
　　　정원　알잖아, 왜 안되는지!
　　　은호　왜? 왜 안돼? 양아치 같은 새끼는 되고
　　　　　　나는 왜 안돼? 건축가가 아니라서?
　　　　　　집도 없고 돈도 없고 뭐 하나 보여줄
　　　　　　것도 없어서?!
　　　정원　우리가 서로한테 도움이 돼?! 야, 나 좀
　　　　　　있으면 졸업도 해야 되고, 어? 언제까지
　　　　　　너한테 얹혀있을 수도 없고...
　　　은호　니 마음이 뭐냐?
　　　정원　어?
　　　은호　니 마음. 뭐냐고?

정원이 침묵한다. 침묵 끝에...

　　　정원　...무서워.

은호　뭐가 무서워?

정원　돌아갈 곳이 없을까봐 무서워. 너까지
　　　잃어버리면 난 진짜 돌아갈 곳이 없단
　　　말야.

은호　날 왜 잃어버려? 내가 어디 가?

정원　우리가 사귀다 헤어지면, 다시는 너랑
　　　같이 노래방도 못 갈 거고, 여기 식당도
　　　못 오고, 술도 못 마시고...

은호가 그녀를 당겨서 둘이 키스한다. 오래 오래.
이윽고 눈을 마주보는 두 사람.

은호　내가 정말 정말 잘해줄게, 정원아.

정원　... 그게... 다야?

은호　왜? 부족해?

정원　뭐 심장도 떼주고 그런 말 안해?

은호　(미소) 그래, 심장도 떼주고,
　　　간도 떼주고, 눈도 떼줄게. 다 갖고 가.

정원　야! 그게 뭐야?!

둘이 다시 키스한다. 사락사락 내리는 눈.

서울 몽타주 (컬러)

서울, 2010년.
은호 자취방. 겨울.
두 사람, 이불을 같이 뒤집어 쓰고 정원의
모델하우스를 바라본다.

> 정원 나중에 이런 집에 살고 싶어.

은호, 정원에게 뽀뽀를 쪽 한다. 은호가 정원을 덮치자
정원이 깔깔대며 발로 은호를 찬다.

도서관. 봄.
벚꽃잎 흩날리는 봄.
열심히 공부 중인 정원. 은호가 쓱 다가온다.

> 은호 (속삭이며) 저기요!
> 포르쉐 차주분이시죠?
> 저 벤츠 차주인데요 차 좀 빼주세요.
> 정원 아, 네.

정원 지우개를 들고 마치 차키처럼 "띡" 누른다.
큭큭대는 두 사람.

은호 자취방. 봄.
드라이로 정원이 머리 말려주는 은호.

은호 자취방. 여름.
정원의 머리를 정성껏 땋아 주는 은호.

은호 자취방. 여름.
둘이 한 침대에 누워서 책 읽는 장면.
| D에게 보낸 편지 |를 읽어주고 있는 은호.

> 은호 캐슬린 페리어의 노랫소리가 들려온다.
> 당신이 떠난 후 세상은 텅 비었고,
> 나는 더 살지 않으려네...
> 정원 힝. 세상이 텅 비었대...

은호 자취방. 여름.
이번에는 정원이 책을 읽는다.
건축과 관련된 서적의 한 페이지다.
어려운 말들이 나오자 눈이 감기는 은호.

> 정원 자면 안 돼.

은호 눈을 번쩍 뜬다.

은호 자취방. 여름.

밥상에 된장찌개를 놓는 은호.

정원이 맛본다. 오케이라는 사인을 하는 정원.

그런 정원에게 선풍기 머리를 돌려주는 은호.

성곽길. 여름.

녹음이 우거지고, 매미 소리 우렁차다.

아이스크림 먹으며 걸어가는 두 사람.

자취방. TV앞

월드컵 경기를 보는 두 사람.

골을 못 넣을까 조마조마한데... "골인~"

둘이 껴안고 방방뛴다. 갑자기 키스하는 두 사람.

#59

동네 부잣집 앞 (D/ 컬러)

이사를 간 듯. 여러 집기들이 버려져 있다.

그중 낡았지만 아름다운 1인용 소파가 놓여있고,

그 위에 │ 필요한 분, 가져가세요. │ 라는 종이가

붙어 있다. 유심히 바라보는 정원.

골목길 (D/ 컬러)

리어카에 소파를 싣고 앞에서 끌고 뒤에서 밀며 낑낑,
자취촌 골목길을 오르고 있는 은호와 정원!
둘 다 헥헥댄다.

은호 자취방 (D/ 컬러)

지쳐서 침대에 퍽 하고 쓰러지는 은호.
정원은 괴상한 소리를 내며 소파 위에서 뛰기
시작한다.

> 정원 은호야. 같이 뛰자!
> 은호 아이고. 모대. 모대.
> 정원 일어나. 일어나!

정원이 은호가 누워 있는 침대 위로 점프해 은호에게
안긴다. 은호에게 뽀뽀하는 정원.

> 은호 스킬 쓰네, 이거.

정원을 안고 일어나는 은호. 은호와 정원은 키스하며

소파로 몸을 날린다. 꼬옥 껴안는 두 사람.

은호 뭘 먹고 이렇게 이쁜 거야?

정원 힛. (손부채 하며) 덥지?

은호 아무래도 에어컨 사야겠어.
      5대 정도 살까?

정원 흠... 그러지 말고 내가 지금 짓고 있는
      한남동 집 다 되면 그리로 이사 가자.

은호 오, 좋아. 애기도 가지자. 한 세 명?

정원 안돼. 나 내년 파리 건축박람회로 바빠.

은호 알았어.

둘이 마주 보며 웃고 뽀뽀한다.

은호 정원아. 너...
      휴학하고 편입 준비하는 거 어때?

정원 어?

은호 건축과. 건축사 돼야지. 지금 시도 안
      하면 계속 미련 남을 거야.

정원 ...나 학원비까진 못 벌어.

은호 생활비 걱정은 말고. 내가 너한테
      투자할게. 너, 나중에 나한테 엄청 큰
      집 지어 줘야 된다?

정원은 고마운 마음에 은호를 꼭 껴안는다.

정원 우린 헤어져도 가끔 보자.
은호 아니. 안 헤어질 건데.

마주 보고 배시시 웃는 두 사람.

호텔방 (N/ 흑백)

마주 보고 웃고 있는 두 사람.
술기운이 올라온 듯 화기애애한 무드.

정원 아하하.. 맞아, 그 소파!
      나 진짜 좋아했는데!
은호 (망설이다) 정원아. 나... 너 만나면
      하고 싶었던 말이 있었는데.
정원 그래? 나는 전혀 없는데.
은호 거짓말.

그때 울리는 전화벨 소리. 은호 핸드폰이다.
액정을 보고 당황한 듯한 은호.
은호가 여전히 당황한 채 핸드폰을 들어 보인다.
딸 미래 에게 영상통화가 걸려 오고 있다.
은호, 얼결에 전화 받는다.
정원, 당황하다가 자기도 모르게 침대 아래로 숨는다!

은호 어, 미래야 왜 안 잤어?

미래 아빠! 왜 안 와?

은호 으응, 거기 비 많이 오지? 그래서
      비행기가 날지를 못한대. 내일 갈게.

미래 거기는 비 안 와?

은호 응. 여기는 그쳤어.

침대 아래, 사각지대로 몸을 낮춘 정원이 가만히
숨죽이고 통화 소리를 듣는다.

미래 그럼 비 그쳤는지 보여줘.

은호 어? 지금 깜깜한데-

미래 창문 보여줘- 비 계속 오면 어떡해-
      빨리 빨리 빨리.

숨죽이고 있던 정원이 깜짝 놀란다! 눈치껏 방문
쪽으로 이동하는 정원. 은호는 조심해서 창문 쪽으로
이동해 영상통화로 창밖을 보여준다.

미래 어? 까만색이야.

은호 거봐 깜깜하지. 아빠 금방 갈게.

미래 응. 아빠 뽀뽀~

은호 응....

겨우 통화를 마무리하고 뒤를 돌아보는 은호.
정원이 안 보인다. 침대 뒤, 구석까지 살펴봐도,
정원은 없다. 텅 빈 호텔 방에서 멍해진 은호.

#63

은호 자취방 (D/ 컬러)

게임 준비가 한창인 은호.
알바 끝나고 집에 돌아온 정원.

> 은호 왔어?

정원 다가와 뽀뽀 쪽하고 냉장고를 여는데...
반찬들이 락앤락 통에 담겨 있다.

> 정원 와! 아저씨가 보냈구나.
> 은호 응.
> 정원 (반찬 하나를 먹으며) 오호!
>   역시 아저씨 최고.

정원이 은호 쪽으로 다가가 은호의 게임 개발 노트를
본다. 정원의 스케치가 가득한 개발 노트.
은호가 부끄러운 듯 뺏으려 하지만 정원, 뺏기지
않는다. 빼곡히 적혀 있는 그림과 로직, 스토리들.

정원 우와 멋지다. 꼭 너 같애.

은호 (쑥스) 멋있어?

정원 응. 제인이 나야?

은호 그럴 리가. 제인은 귀엽잖아.

정원 뭐시라?

은호 넌 섹시하잖아.

정원 히히.

시놉시스를 읽는 정원.

그 모습 지켜보는 약간 긴장한 듯한 은호.

은호 어때?

정원 와 좋아, 좋아. 근데 왜 이렇게
      줄거리가 평탄해? 재밌을려면
      더 위기가 있어야지.

은호 그렇긴 한데, 마음이 아파서
      그렇게 안 써져.

정원 그래도 주인공이 더 고생을 해야
      재미있게 볼 거 같은데.

문득, 정원이 은호에게 진지하게 다가간다.

정원 은호야. 우린 남들 보기에 재미없어도
      평탄하게 살자.

은호 그럼. 당연하지. 죽을 때까지 재미없게.
    무난히.
정원 근데, 에릭이 제인을 못 찾으면
    어떻게 되는 거야? 새드엔딩이잖아.
은호 음.. 그러면...
    세상이 갑자기 흑백이 돼 버려.

#64

엘리베이터 - 호텔 앞 도로 - 거리 (N/ 흑백)

엘리베이터에서 다급히 계단으로, 로비로, 호텔
밖으로 뛰쳐나와 두리번거리는 은호. 흑백의 호치민
시가 펼쳐진다. 흑백의 도시에 우두커니 서 있는
은호의 어두운 얼굴.

호텔 뒤 거리 1.
정원을 찾는 은호.

호텔 뒤 거리 2. (강 건너 길)
계속 정원을 찾는 은호. 갑자기 무언가 깨달은 듯
고개를 강물 쪽으로 돌린다. 달린다.

#65

입시 학원가 밤거리 (N/ 컬러)

'재수/입시학원' '편입학원' '대입수능' 등등의
네온사인이 반짝이는 학원가.
편입학원 건물 앞에서 은호가 정원을 기다리고 있다.

    INSERT F/B – 사무실 (은호 회상/D/ 컬러)
    업계 선배와 만나고 있는 은호. 자신의 게임을
    보여주었다. 모니터를 덮는 선배.

       선배   넌 왜 트랜드에 안맞게 이런
               PC게임만 고집하냐? 예술하냐?
               요샌 이런 거 잘 안 먹혀.

       정원   이은호~~~~~~~~

그때, 정원이 해맑게 학원 건물에서 내려온다.
아이처럼 다가와 폭 안기는 정원. 어른스럽게
안아주는 은호. 한 바퀴 돌린다.

       은호   왜 이렇게 가벼워?
               공부 열심히 안 했어?
       정원   흐흐. 했어. 나 졸려.

은호 그래. 그럼 택시타자.

정원 미쳤어, 버스 기다리면 되지.

은호 안돼. 그냥 택시 타. 타도 돼.

정원 왜? 게임 반응 좋아? 어?
       선배 만났잖아? 뭐래?

은호 너어어무 좋아. 그래서 전략을 바꿨어.
       다른 곳도 다 보여주려고.

쓸쓸해 보이는 은호 얼굴.
정원이 눈치챈 듯 얼굴을 쓰다듬는다.

정원 잘 될 거야. 걱정마.
       자, 타자, 택시. 택시!!!

택시 (N/ 컬러)

동호대교를 빠르게 달리는 택시.
창밖에 반짝이는 강변의 건물들. 은호, 창밖을 보고
있지만 손은 정원의 손을 꼭 잡고 있다. 꼭 쥔 그 손을
바라보다가, 창문을 열어 고개를 내미는 정원.

정원 (강변 너머 다른 사람들의 세상을 보며)
       느그들 기다려라~ 우리가 접수한다!!!

기사 아이고, 위험해요.
정원 죄송합니다.

그러고선 고개를 돌려 은호를 보고 씨익 웃는 정원.
정원의 머리칼이 바람에 세차게 흩날린다. 가로등
불빛과 바람에 섞인 정원의 얼굴을 바라보는 은호.

은호식당 (D/ 컬러)

은호 엄마 사진 곁에 장식하는 새로운 액자.
정원, 은호, 은호부가 함께 찍은 정원의 사진이다.
눈이 잘 보이지 않는지 자꾸 비벼대는 은호부.

은호부, 테이블 위 식기들을 정리해 부엌으로 가다
턱에 걸려 넘어진다! 일어나보려 하지만, 뼈에 금이
간 듯 아파하는 은호부.

지역 병원 안과 (D/ 컬러)

은호부와 은호, 걱정스런 얼굴로
의사를 바라보고 있다.

의사   (은호부의 눈동자를 보며) 이 정도면
       거의 안 보이셨을 거 같은데…
       녹내장은 늦출 수는 있어도 치료는
       불가능해요. 서서히 실명이 진행될
       거예요. 일단 정밀검사 받아봅시다.

#69

건종대 행정실(D/ 컬러)

> 휴학 신청서

행정교무원에게 휴학계를 내는 은호. 절차를 마치고
캠퍼스를 혼자 걸어 내려온다. 침통한 표정.

#70

아지트 술집 앞 (N/ 컬러)

초저녁.
얼굴 굳은 채 술집을 성큼성큼 걸어 나오는 은호.
정원이 허둥지둥 뒤따라 나오며 은호의 팔을
붙잡는다.

은호   알바를 더 하겠다구?

       그럼 올해 편입시험은 포기야?

정원   시험은 매년 있잖아!

       내년에 또 보면 돼. 그리고

       알바 하면서 건축 쪽 경험도 쌓고

       공부한다 생각하면-

은호   모델하우스 안내가 무슨...!

낙담하는 은호의 손을 정원이 잡는다.

정원   건축사 포기 안 해.

       잠깐만 미루는 거야.

은호   ... 우리 아부지 일이잖아.

       내가 알아서 할 수 있어.

정원   그렇게 남처럼 말할래?

은호   아니 그게 아니라...

정원   넌 그럼 내가 다리 뿌러져서 드러누워도

       나보고 알아서 하라 그럴 거야??

정원이 화를 낸다.
은호는 얘기가 왜 이렇게 되는지 모르겠다.

은호   내가 어디든 취직하면 대출도

       나온다니까?

정원   나두 너 게임 포기하는 거 싫다구.

너 도와주고 싶다구.

은호가 미안한 마음에서 눈물이 고이자
정원이 놀린다.

     정원 어우 뭐야? 너 감동했지?

정원과 은호는 손을 꼭 잡는다.
다정하게 집으로 향하는 두 사람.

#71

모델하우스 사무소 (D/ 컬러)

똑같은 원피스 유니폼을 입은 20~30대 여성들이
줄지어 서있다. 여자 소장이 복창한다.

     소장 우리는 이 하우스의,
     일동 얼굴입니다!
     소장 우리는 집이 아니라,
     일동 행복을 팝니다!

매뉴얼식 미소를 띠고 매뉴얼식으로 허리 굽혀
인사하는, 유니폼 입은 정원.

Cut to.

줄지어 들어서는 고객들. 신발을 벗고 슬리퍼로 갈아
신고 들어선다. 정원은 입구에 서서 손님들에게
인사한 후, 손님들이 벗어둔 신발을 하나하나 집어
신발장에 정돈한다.

#72
중소 게임 개발사 (D/ 컬러)

작고 허름한 사무실.
한켠에 마련된 탕비실에 앉아 은호의 이력서를
바라보고 있는 중년의 사장.
이력서 끝에 걸린 휴학 글자를 보고,
긴장한 채 앉은 은호의 얼굴을 본다.

> 사장 합격.
> 은호 ?! 에?

사장, 은호를 채용할 생각인지 대리쯤 되어 보이는
직원을 부른다. 직원에게 자리를 안내받고 이런저런
인수인계 받는 은호. 어리벙벙하다. 좁은 파티션 안에
놓인 낡은 컴퓨터와 각종 게임 관련 기기들.
자기 자리를 정리하던 은호, 정원과 찍은
폴라로이드 사진을 붙여둔다. 컴퓨터 마우스패드를

들춰보면...포스트잇의 메모,

> 도. 망. 쳐...!

그걸 허, 하고 바라보다가,
결심하듯 구겨서 버리는 은호.
턱, 은호의 책상에 놓이는 서류뭉치!

> 대리   제이슨 신작 천사대전기.
>   문제 안될 정도로만 어사무사하게
>   베껴서 기획 초안만 써봐요.
> 은호   베, 베껴요...?
> 대리   그럼 뭐 신작 개발이라도 할 줄
>   알았어요? 이런 데서.

대리가 피곤한 듯 가버린다.
착잡하게 서류뭉치를 집어 드는 은호.

#73

은호 자취방 – 은호식당 교차 (컬러)

2011년.
은호식당. 설.
정원은 은호부의 전화기를 만지작거리고 있고,

은호 혼자 떡국으로 식사를 하고 있다. 은호부 약간
절뚝이며 만두를 가져오자,

> 정원 (벌떡 일어나 접시를 받아 들고)
> 뭐 이렇게 많이 하셨어요?

셋이 나란히 식사하는 풍경.
은호도 걱정이 많지만 웃으려 노력한다.

은호 자취방. 봄.
삑삑, 문을 열고 들어오는 정원.

> 정원 다녀왔습니-

습관처럼 인사하다 멈추는 정원. 은호가 시체처럼
곯아떨어져 있다. 가만히 걸어 들어와 은호 곁에
걸터앉는 정원. 은호의 머리를 매만진다. 피곤해
보이는 얼굴. 은호 비몽사몽 간에도 정원의 손을
만진다.

> 정원 사랑해.
> 은호 …

은호 자취방. 여름.
삑삑, 문을 열고 들어오는 은호.

은호   나 왔어—

멈추는 은호, 숨죽인다. 정원이 침대에 엎드린 채
잠들어 있다. 가만히 지친 정원의 이마를 만지고
살며시 이불을 덮어주는 은호.
정원의 까진 뒤꿈치를 보고 은호는 약을 발라준다.
지쳐 보이는 은호의 등. 그때 징- 울리는 정원의
핸드폰. 보면... 민재다.

> 정원아, 나 민재야.
> 혹시 우리 회사에서 건축 실습 공공교육
> 프로젝트를 돌리는데 관심 있다면 연락해.
> 그냥 다른 마음 없고 돕고 싶어서.

어두운 은호의 얼굴. 핸드폰을 탁 덮는다.

은호식당. 여름. (은호 엄마 기일)
창밖에서 담배를 피우며 통화 중인 은호.
업무 통화인 듯 오만상. 그 풍경을 내다보며
은호부와 정원은 대화 중이다.

정원   아저씨! 여기 보시면요,
       은호가 1번. 제가 2번, 3번이 이장님.
은호부   야, 너가 1번 해. 은호가 2번.

정원 (씨익 웃으며 바꾼다) 그렇죠. 제가
    1번이죠?

은호부 응. 그럼.

정원 더 저장하고 싶은 사람 없으세요?

은호부 어, 그... 초원 다방 장옥자.

정원 (핸드폰 번호 찾아보며) 아, 장여사님.
    (번호 저장하며) 여기 4번이에요.

은호부 응. 4번.

정원 장여사님 좋아하세요?

은호부 뭔 소리야? 그 여편네가... 티 나?

정원 네. 아하하하.

은호부 내가 한때 이 동네에서 유명했다.
    발차기 한번 하면 다들 뒤로 깍깍
    넘어갔어. 볼래?
    (발차기) 아따 마니 뻑뻑해졌다.

정원 아저씨! 조심하세요.

깔깔대는 두 사람. 꼭 부녀 같다.
이를 바라보는 은호도 미소가 지어진다.

은호(V.O) 여보세요? 아, 네.

116

은호 자취방 앞 (N/ 컬러)

은호   아... 보증금을요? 언제까지요?

담배 피우며 전화 받고 있는 은호.
멀리 정원이 보이고 정원이 힘차게 손을 흔들자 같이
손을 흔든다.

은호   결정하고 연락드리겠습니다.

뛰어오는 정원의 모습을 바라보던 은호, 활짝 웃는
정원을 바라보며 애써 웃지만 침울해 보인다.

은호 자취방 안 (N/ 컬러)

은호 간단히 식사 차리기 시작하고 있고,
정원이 뒤이어 들어온다.

은호   왜 이렇게 늦었어?
정원   늦게 끝났어. 그런 진상은 처음이야.
은호   누구 만난 건 아니구?
정원   응? 누구?

은호　아냐..

은호 병뚜껑 돌리려는데 빡빡하다.

정원　줘 봐.
은호　됐어.
정원　내가 할게.
은호　아, 됐어. 놔아!

픽! 뚜껑이 열리며 안의 내용물이 바닥에 쏟아진다.
은호 걸레 가져다가 닦는다.

정원　왜 그래?
은호　보증금 올려달래.
정원　아. 그래서 스트레스 받았었구나.
　　　우리 은호가. 난 너랑이면 어디든
　　　괜찮아. 어?
은호　(따라 미소 지으며) 미안해.

마주보며 웃는 두 사람.

은호 자취방 앞 (D/ 컬러)

트럭에 이삿짐들이 실린다. 버린 이삿짐에는 정원의
미니어처가 반쯤 부서진 채 놓여 있다. 트럭에
옹기종기 올라탄 은호와 정원. 통통, 차체를 두드리면,
부웅- 하고 트럭이 떠난다. 멀어지는 두 사람의
자취방.

#77

반지하방 앞 (D/ 컬러)

아직 반지하방으로 다 들어가지 못한 이삿짐 박스
더미. 낑낑 소파를 넣으려 애쓰고 있는 두 사람.

> 은호   안 들어가. 이건 그냥 버려야겠다.
> 정원   어떻게 안될까?
> 은호   안될 거 같은데.

그 말에 정원은 오기가 생긴다.
정원이 혼자서 다시 한 번 소파를 들려다 손을 다친다.

> 정원   아얏!
> 은호   어? 괜찮아?

(속상한 마음에) 아니 왜 이렇게 우겨?
안된다니까. 기다려봐. 연고 갖고 올게.

정원 아냐, 아냐. 내가 갖고 올게.

정원은 집 안으로 들어간다. 은호는 담배를 문다.
집 안에서 밖을 내다보는 정원.
창살의 그림자가 정원의 얼굴에 드리워진다.
멀리 담배를 물고 서울의 아파트들과 빌딩들을
내려다보는 은호의 뒷모습이 보인다.

#78

호텔 근처 강가 (N/ 흑백)

잔잔한 강 물결이 흩어지고 있다.
반짝이는 강물을 배경으로 벤치에 앉아 있는 여자,
정원이다. 그때, 걸어오는 발. 은호다.
곁에 다가와 정원 옆에 앉는다.
은호를 보고, 못 이기겠다는 듯, 다시 강을 보는 정원.

정원 참 잘 찾아내, 매번.

은호 네가 뻔한 데로 도망치잖아, 매번.

정원 도망치지 않았어. 떠난 거야.

은호 우리가 왜 헤어졌지?

정원 이렇게 네가 너밖에 모르니까.

은호   맞네.

#79

중소 게임 개발사 (D/ 컬러)

은호   (통화) 추석에요... 안 될 것 같은데.
        회사에 일이 많아. 구정에 내려가 볼게.
        아부지.

어지러운 책상에서 퀭한 얼굴로 통화 중인 은호.
안색이 나쁘다. 갑자기 나타나 탁 서류뭉치를
내던지는 사장. 널브러진 종이들. 은호의 게임 캐릭터
에릭과 제인이 그려져 있다.

사장   마감은 했어?
은호   (한숨) 어제 주셨잖아요. 아무리 베낀다
        쳐도 일단 드는 시간이 있어요.
사장   이딴 쓸데없는 거 들이밀 시간에 진작
        했음 됐잖아!
은호   ... (사장을 노려본다)
사장   야, 나도 멋있는 거 하고 싶어.
        너만 멋있는 거 하고 싶은 거 아냐.
        근데 이게 안되니까 안하는 거 아냐?
        돈 벌려고 왔음 그냥 잔말 말고 주는

일이나 해.

은호   (참으며 읊조리듯) 아이...씨..

눈이 돌아간 사장이 은호의 멱살을 잡는다.

사장   뭐? 너 뭐라 그랬어. 이 새끼가.

픽! 사장의 주먹이 은호의 얼굴에 꽂힌다! 주변의
직원들 놀라서 일어나 사장을 말린다.

사장   너 사과 안 해? 어? 사과 안 해?
은호   죄송합니다. 죄송합니다.

#80

고흥 거리 (D/ 컬러)

추석.
누군가 저벅저벅 걷고 있다.
얼굴에 살짝 멍이 든 은호다. 그 옆에 정원.

은호   (전화를 받으며) 왜 이렇게 전화를
             안받아? 아냐. 이따 문자 할게.
정원   누구야?
은호   아니 경석이.

은호, 조용히 정원의 선물세트를 받아 들고 다시 먼저
가버린다. 은호의 뒷모습을 보는 정원. 멀고 야속하다.

#81

은호식당 (D/ 컬러)

은호부가 김치와 밑반찬을 보자기에 싸며 정원에게
설명 중이다. 은호는 혼자 앉아 뭐가 바쁜지 핸드폰에
코를 박고 문자 중이다. 정원과 은호부도 테이블에
다가와 앉는데,

> 은호부   못 온다더니, (은호 눈치를 본다)
> 회사 빠져도 괜찮은 거야?
> 정원   휴가 냈대요. 그 회사 은호 없음 안
> 돌아가니까, 괜찮아요.

은호가 크게 한숨을 쉰다.
은호부와 정원, 눈치가 보인다.

> 은호부   (정원에게 음식을 덜어주며)
> 자리들 잡히면, 결혼은 생각 없고?

정원 어색하게 입을 다문다. 은호가 인상을 팍 쓴다.

정원   요새는요 넘 일찍 결혼하면 트렌드에
        뒤떨어져요-
은호부 물어만 봤다. 어쨌든 작은 살림부터
        둘이서 잘 모으다 보면-
은호   아 아빠. 모르는 소리 좀 진짜! 요새
        누가 집 한 칸 없이 무턱대고 결혼을
        해, 구질구질하게. 그리고 정원이가
        원하지 않을 수도 있잖아.

은호부, 서운한 티를 애써 감추며 일어난다.

은호부   ... 정원이 좋아한다고 곰국 고아둔 걸
        깜빡했네. 있어봐-
정원   어 괜찮은데-

은호부가 부엌으로 사라진다.
정원, 은호의 핸드폰을 팍 뺏어 엎고 타박한다.

정원   왜 이래? 나도 참는 데 한계가 있어.
은호   ... 참지 마, 그럼.
정원   ...

그때, 쿠당탕탕! 거대한 솥이 떨어지는 소리와 함께
은호부의 비명이 난다.

은호부 어이쿠!...
정원 아저씨!

은호와 정원 부리나케 부엌으로 가본다.
커다란 솥냄비가 바닥에 쓰러져 있고 국물이 찰박하게
흐른다. 은호부, 손을 데었는지 꼭 쥐고 당황한 채 서
있다. 정원, 냉장고의 얼음을 꺼내 얼른 은호부의 손에
댄다.

은호부 아니 이게 놓쳐버려서...
은호 그러니까 가게 좀 접으라고!!!
눈을 그래가지고 무슨 요리를 하고
음식 장사를 한다고 그래!!
계속 이러니까 돈을 부어도 부어도
몸이 낫질 않는 거 아냐!

은호가 은호부와 정원을 밀치고 솥을 치우고 국물을
닦는다. 은호부도 화가 났는지 가만히 은호를
노려보다가, 은호에게 다가가 비키게 한다.

은호부 나와.
은호 아, 가 있어 좀.
은호부 누가 도와달랬냐!
니 일이나 똑바로 하고 살아!!

가만히 허리를 굽혀 국물을 닦는 아버지를 바라보던
은호, 한숨 푹 쉬고 자리를 박차 나가버린다.

#82

고속버스 안 (N/ 컬러)

고흥에서 서울행, 흔들리는 고속버스 안.
승객들로 차 있다. 지친 얼굴의 은호와 정원,
서로 고개를 돌리고 나란히 앉아 있다. 정원은
은호부가 싸준 김치통 보자기를 안고 있다. 적막하다.
문득 은호를 돌아보는 정원- 은호는 혼자 귀에
이어폰을 꽂고 있다.

#83

서울, 길거리 (N/ 컬러)

앞서가는 정원.
은호가 따라와 정원을 붙잡는다.

> 정원 너 그 회사 때려쳐.
>   노동청에 신고해버리고, 다니지 마.
> 은호 그럼 생활비랑 병원비는?

정원 때려치우고 게임을 다시 만들든,
복학하고 졸업해서 제대로 된
게임회사에 가든! 지금 이러는 것만
빼고 뭐든 하라고!

은호 너야말로 때려치워 좀! 건축사
포기했어? 잠깐만 하겠다며. 근데
이제 평생 모델하우스에서 일할 거야?
만족해?

정원 둘 중 하나는 제대로 벌어야 할 거
아냐- 난 너 위해서 이러는 거잖아.

은호 (벌컥) 나 위해서 그러지 말라고,
좀!!!!! … 그냥 강민재씨 도움 받아
가지고 그 공공프로젝트인지 뭔지
하라고. 난 안 말린다고.

정원 뭐?

은호 너 내가 모를 줄 알았어?

정원 그런 연락 받은 적 있지만 대꾸도
안했어.

은호 왜? 그냥 하라고. 나중에 나 원망 말고.

정원 … 의심했구나.

은호는 잠시 침묵한다. 마침내.

은호 아냐. 그런 거 아냐. 미안해서 그랬어.
너한테 해줄 수 있는 게 아무것도

없어서.

정원 은호야, 난... 너를 만나고 눈물이
　　　많아진 게 정말 싫어.

은호 잘못했어.

정원 기대해 본 적이 없어서 실망하는 일이
　　　너무 낯설고 힘들어.

은호 미안해.

정원 지쳐.

은호 정말 정말 미안해.

적막한 밤의 서울 거리, 부둥켜안고 선 두 사람.

#84

중소 게임 개발사 (D/ 컬러)

짐을 척척 싸는 은호.

포스트잇에 　도. 망. 쳐. 　라고 적고
모니터 옆에 붙이고 나간다.

　　뉴스 V.O
　　9급 공무원 시험 경쟁률이 역대 최고를
　　기록했습니다.

서울 몽타주 (컬러)

2011년, 겨울.
쌀쌀한 날씨에 움츠러든 군중들. 전광판에 뉴스가
흘러나온다.

　뉴스 V.O
　구직을 희망하는 청년들은 불투명한 미래에...

어두운 얼굴의 사람들 사이를 걷는 은호.

대기업 면접장. 낮.
면접관들 앞의 여러 명의 지원자들.
양복을 입은 긴장한 얼굴의 은호. 면접관 은호를 본다.
은호 이력서에 적힌 '휴학'을 보고 다른 사람에게 말을
건다.
다른 지원자들 대답하는 동안 은호에게는 아무도
질문하지 않는다. 눈치 보는 은호.

반지하방, 초저녁.
퇴근한 정원. 방에는 아무도 없다.
책상 위에 널린 수십 장의 수험표와 이력서를
살펴보는 정원.

풀썩, 매트리스에 쓰러지는 정원. 반지하 창문 쇠창살 바깥으로 눈이 내리는 걸 본다. 발뒤꿈치가 빨갛게 까진 채 방치되어 있다.

반지하 계단 입구에 방치된 두 사람의 소파 위로 눈이 내리고, 비가 내리고, 시간이 경과한다.

모델하우스 사무소. 낮.

손님에게 이런저런 서류를 설명하며 계약을 권하는 정원. 뒤로 펼쳐진 아름다운 집은 상품일 뿐이다.

#86

편의점 - 모델하우스 (컬러)

편의점. 밤.

편의점 야간 알바 은호. 물건들을 정리 중이다.

모델하우스. 낮.

모델하우스에서 웃으며 사람들 상대하는 정원.

행복해 보이는 젊은 남녀를 바라보는 정원.

부웅- 전화가 울린다. 은호.

손님에게 설명하느라 전화기를 덮어두는 정원.

전화가 끊긴다.

반지하방 앞.
계절을 견디며 점점 낡아가던 소파를,
쓰레기차가 결국 가져가 버린다.

#87

모델하우스 (N/ 컬러)

소장   정원 씨가 퇴근 전에 정리해줘.
정원   네-.

손님도 큐레이터도 모두 나가고 없는,
어둑하게 아름다운 모델하우스.
조명을 끄려다 미니어처 아파트 단지를 바라본다.
조명을 하나씩 눌러보는 정원. 아파트 미니어처의
조명이 정원의 뺨에 와 닿는다.
조명에 빛을 받은 미니어처 아파트 단지 조감도는
눈부시게 아름답다. 정원, 얼굴을 두 손으로 감싼다.
어둠 속에 어깨가 가늘게 흔들린다.

#88

반지하 앞 골목길 (N/ 컬러)

새벽길을 나서는 은호. 문자가 온다.

2012년 한성게임즈 상반기 공채
서류심사에 불합격하셨습니다.

핸드폰 무심히 집어넣고
묵묵히 비탈길을 내려가는 은호.

편의점 (N/ 컬러)

오래된 얼음컵들을 꺼내고 새로 온 얼음컵을
차곡차곡 채워 넣는 은호.
손은 얼어서 빨갛고, 이마는 힘들어서 땀이 난다.
미친 사람처럼 일하는 은호. 그때, 손님이 부른다.

  경석 여기 이거 1+1이에요?
  은호 아, 그거...!

카운터로 나간 은호, 우뚝 멈춘다. 경석과 승찬이다.

  경석, 승찬 이은호!

도심지 고급 오피스텔 (N/ 컬러)

번쩍이는 고층 오피스텔을 올려다보는,
유니폼을 입은 정원. 높고 눈부시다... 그때.

승찬   이야, 한정원!

멀리서 걸어오는 승찬과 경석, 은호.
멍하니 있던 정원, 활기차게 씩 웃으며 손 흔들어
보인다.

고급 오피스텔 – 승찬 집 (N/ 컬러)

대학 때처럼 술상을 펴놓고 왁자한 승찬, 경석, 정원.
이미 조금씩들 취했고. 메뉴는 예전과 달리 와인, 고급
데킬라, 위스키 등에 비싼 안주들이다. 은호가 들고 온
편의점 과자들은 한 켠에 고스란히 방치돼 있다.
은호는 글라스에 양주를 홀짝이며 창가에 전시된
승찬이 자신의 레스토랑 앞에서 직원들과 찍은 사진,
아버지와 찍은 사진을 물끄러미 바라본다.
은호 뒤로는 서울의 야경이 펼쳐져 있다.
높고 반짝이는 풍경.

정원 (들이켜며) 와, 목넘김 미쳤다 승찬아.
　　　나 양주가 이렇게 맛있는지 몰랐네.
승찬 맛있지? 많이 마셔.
정원 어떻게 집을 샀어?
승찬 명의만 내 앞이고 부모님 꺼야.
　　　다 빚이고.
경석 얘 레스토랑 사장이야.

경석이 승찬과 승찬부가 표지 모델인 외식잡지를
보여준다.

정원 (받아들며) 우와! 말도 안돼! 니가
　　　요리를 해? 라면도 못 끓이던 네가?
승찬 아니, 그냥 바지사장이지. 아버지가
　　　주인이고. 난 그냥 들여다 보고.
　　　나도 등신같애. 이런 생활.
경석 아이, 씨바. 부럽네.
정원 호강에 겨웠네. 하하.
승찬 야 이은호! 혼자 멋있는 척하고
　　　서있지 말고 일루 와봐 임마!
　　　너 그동안 왜 내 전화 씹었냐??
　　　난 너 죽은 줄 알아쓰!!
정원 은호야, 술만 먹지 말고 이거 먹어봐.
　　　진짜 맛있어.

불쾌해진 은호가 비척비척 술상으로 걸어들어와 정원 옆에 앉는다. 물끄러미 고급 요리를 쳐다보다가 술을 한잔 훅 들이킨다.

은호　한강 오래 보면 이상해진다던데.

승찬　그래. 마음이 희한해지더라. 마셔라.

경석　너넨 진짜 오래 사귄다. 부럽다.
　　　결혼하겠네.

정원　(웃음) 박경석,
　　　넌 윤진이랑 아예 연락 안해?

경석　아- 얘가 또 고윤진 그 나쁜년
　　　생각나게 만드네. 키위톡 인턴
　　　끝나자마자 나 팽 당했잖아.

정원　야! 윤진이가 너 진짜 좋아했거든?

경석　됐고, 야 한정원. 넌 절대 이은호
　　　버리지 마라.

은호　!

정원　뭐래.

경석　너넨 씨발 그래도 사랑을 하잖아.
　　　나는 씨발 사랑이 아니었어.
　　　너네처럼 이렇게 어?
　　　(정원의 유니폼을 가리키며) 힘들어도!
　　　존나 같이 열심히 해가면서, 어?

승찬　야, 미친놈아 그만 마셔.
　　　(은호에게) 은호야. 너랑 같이 게임

만들던 게 씨바 무슨 전생같다.

경석　너 기억나? 불리자드?

승찬　백억! (웃으며) 진짜 순수했다.

　　　무슨 백억이야..하하하

같이 미소 짓는 은호.
그런 은호를 조심스레 바라보는 정원.

#92

고급 오피스텔 근처 거리 (N/ 컬러)

승찬이네 집에서 나와 비틀거리며 걷는 은호.
정원이 팔짱을 낀다.

정원　한 잔 더할래?

#93

고급 오피스텔 근처 노포 (N/ 컬러)

술 한 잔 더 하는 정원과 은호. 옆 좌석에는 대학생
무리들. 무리 중에 한 명이 지나가며 실수로 은호를 툭
친다. 은호 눈빛이 사나워진다. 정원은 가만히 맥주를
마시다 은호를 본다.

정원 왜 요새는 게임 개발 안해?
은호 유니폼 입고 다니지마. 애들이
      무시하잖아.

은호가 정원을 보지 않자 정원도 시선을 내린다.

정원 은호야.
은호 응?
정원 너는 꼭 잘 될 거야.
은호 그런 얘기 안 하면 안돼?
정원 …

정원의 눈이 흔들린다.
그때 옆 자리 남학생이 다시 자리로 돌아가다
또 한번 은호의 어깨를 툭 친다.

은호 뭐야, 이 씨.. 일부러 그러는 거예요?
남학생 뭐가? 씨발…

은호, 벌떡 일어나 남학생들의 술판을 확 걷어차
버린다!

남학생 야! 이 새끼야!

그대로 얼굴에 주먹을 꽂아버리는 은호!
순식간에 난장판이 벌어진다.

　　　은호　왜 그래? 난 가만히 있었잖아.
　　　　　　대체 왜 나한테 그러는 거야!

정원, 그 모습을 멍하니 바라보다가-
은호가 내려놓고 간 소주잔의 소주를 원샷 한다.
그리고 그쪽을 향해 걸어가, 그 사이에서 대차게
은호를 멱살 잡고 끌어낸다.
그리고 은호의 따귀를, '짝!' 있는 힘껏 친다.
뜻밖의 전개에 벙찌는 남학생들. 반면 은호는 맞고도
늘어진 종이인형처럼 가만히 있다.

　　　정원　그렇게 사람이 치고 싶으면,
　　　　　　차라리 나를 쳐!!!
　　　은호　…

어안이 벙벙한 남학생들, 수군대며 쳐다보는 사람들.
은호를 때려눕힌 정원과 더 맞고 싶은 사람처럼
가만히 고개를 떨구고 누운 은호.

반지하방 (D/ 컬러)

2012년, 여름.

> 정원 (통화) 네 아저씨. 죄송해요,
> 이번 기일에 못 내려가서.
> 은호부 (통화) 아냐, 괜찮아. 신경 쓰지마.
> 별일 없지? 은호한테 여러 번
> 전화했는데 연락이 안되더라구.

커튼을 쳐 놓아 더 어둑해진 두 사람의 방.
씽크대 설거지거리 가득하고, 창가 재떨이에는
담배꽁초가 수북하다.

게임 개발하던 노트는 구석에 떨어져 있고, 키보드
위에는 천이 덮여 있다. 어지러운 방 한구석에 앉아
헤드셋을 끼고 총 게임에 열중하고 있는 은호.
좁은 방 한켠, 어지러운 침대 위 손바닥만 한 공간에
쪼그려 앉은 정원. 누군가와 통화 중이다.

> 정원 (통화) 아, 은호한테요? 못 받았나
> 보다. 취준하는 게 그렇잖아요.
> 지금도 공부하느라... 없네요. 네.

은호부와 통화하는 정원. 미친 사람처럼 게임만 하는
은호의 등을 본다.
은호, 게임하다 더운 듯 티셔츠 자락을 펄럭이더니,
선풍기를 끌어다 자신을 향해 켠다.
그 모습을 물끄러미 바라보는, 역시 땀에 젖어 있는
정원. 구석에 놓인 은호의 게임개발노트를 꺼낸다.

> 은호부 (통화) 바빠도 끼니 절대 거르지 마라.
> 입맛에 안 맞아도 꼭 챙겨 먹어.
> 정원 (통화) 흐흐. 걱정마세요.
> 여기 맛있는 거 천지예요. 아저씨야말로
> 잘 챙겨 드세요. 은호두 많이 걱정해요.
> 추석 연휴 땐 꼭 갈게요. 들어가세요.
> 은호부 (통화) 그래, 들어가.

정원의 통화 소리가 들리지 않는 듯, 듣지 않으려는 듯
은호는 게임만 한다. 게임개발 노트를 은호 책상 위에
놓는 정원.
통화를 끝낸 정원이 창문의 커튼을 연다.
빛이 모니터에 들어오자 눈살을 찌푸리는 은호.

> 정원 어... 비올 거 같아.

은호, 일어나 커튼을 닫는다.
닫히는 커튼을 따라 정원의 얼굴에 그늘이 진다.

정원은 가만히 은호를 바라본다. 게임에 열중인 은호.
정원, 무언가 결심한 듯 부엌으로 가서 컵라면을
꺼낸다. 전기포트에 물을 올리고, 컵라면 스프를 붓기
시작한다. 윙- 적막 속에 전기포트 소리가 유독 크게
진동한다. 탁, 전기포트 멈추는 소리가 들린다.
정원은 컵라면에 물을 붓고, 젓가락을 올린다.

     정원 은호야! 라면 먹어!

은호는 대답이 없다.

     정원 (속삭이듯) 은호야. 우리 헤어지면,
            다시는 보지 말자.

정원, 그대로 가만히 가방을 챙겨 일어나 집을 나선다.
소나기가 후두두둑 창을 때린다. 게임을 멈추고
가만히 응시하는 은호.
소나기 소리가 쏴아- 커지고, 헤드폰 속 총소리
요란하다. 참았던 숨을 쉬는 사람처럼 헤드셋을
벗는다.
정원이 두고 간 먹지도 않은 컵라면 하나.
창밖에 내리는 빗줄기. 은호, 번쩍 정신이 난 듯
우산을 들고 문밖으로 뛰쳐나간다!

반지하 앞 골목길 (D/ 컬러)

비 내리는 골목길.
우산을 들고 두리번거리는 은호. 정원은 없다.
길을 따라 서둘러 뛰어 내려가는 은호!

거리 (D/ 컬러)

우산을 쓴 사람들을 헤치며 비에 젖은 채 달려가는
은호. 숨이 차오른다. 눈이 붉어진다.
눈물이 떨어지는 것도 모르고 달리는 은호.

지하철역 (D/ 컬러)

지하철 입구로 들어가는 정원. 머리와 얼굴에서
빗물이 떨어진다. 계단을 내려가는 정원. 표를 찍고
개찰구를 지난다. 끝내 승강장에 도착한 정원. 굳은
결심으로 지하철에 올라탄다. 그런데 그때. 급하게
계단을 뛰어 내려오는 누군가의 발걸음 소리.
고개 들어보면, 땀과 빗물에 흠뻑 젖은 은호.

그렇게 한동안 서로를 바라본다.

지하철 안내음 V.O
열차가 출발합니다. 발 빠짐 주의, 발 빠짐 주의.
출입문 닫습니다.

안내음이 흘러나오는데... 망설이는 은호...
타지 않는다.

끝내 타지 않을 은호의 마음을 느끼는 정원.
지하철 문이 닫힌다. 지하철이 출발하고- 정원의 시야
멀리 무기력한 은호가 보인다.
은호가 꼭 거머쥔 정원의 붉은 우산에서는 빗물이
뚝뚝 떨어진다. 공허한 눈으로 허공을 보는 정원.

#98

호텔 근처 강가 (N/ 흑백)

정원이 일어나 걷자 은호가 따라붙는다.

은호 정원아.
정원 (돌아보며) 은호야.
　　　난 잊어버리고 잘 살았어. 너도 그랬고.
　　　훨씬 나아졌어, 우리 둘 다.

은호 알아. 그런데 한번은 그냥 너한테
      물어보고 싶었어.
정원 뭐가?

은호가 울컥하는지 고개를 떨군다.

은호 만약에... 만약에 그때 반지하로
      이사 갈 필요 없었으면...
      안 헤어졌을까? 우리.
정원 아니. 그래봐야 일 이년 더 만났겠지.
은호 만약에... 우리가 그냥
      결혼해 버렸다면.
정원 결국 이혼했을 거야.
은호 만약에 니가...
      니가 끝까지 기다려줬으면?
정원 그럼 넌 끝까지 게임 완성 못했을 거야.
      안 그래? 그만하자.

정원이 돌아서자 은호가 그녀를 절박하게 막아선다.
그리고 오랫동안 마음에 남아 있었던 질문을 던진다.

은호 하나만 더. 하나만 더.
      만약에 내가 그때 지하철에 탔으면?
      타서 너 잡았으면?

정원이 은호를 애틋하게 바라본다.

> 정원 그랬다면, 계속 너와 함께 했을 거야.
> 영원히.
> 은호 …
> 정원 음… 아냐. 그래도 결국엔
> 헤어졌을 거 같아. 왠지 알아?
> 니가 선풍기 바람 너만 쐤잖아,
> 치사하게.

은호의 눈에 맺혔던 눈물이 떨어진다.

> 은호 내가 너를 놓쳤어.
> 정원 아냐, 내가 너를 놓았어.
> 아니 우리 둘이 서로를 놓았어.
> 그리고 그건 정말 잘한 선택이었어.
> 난 후회 안 해. 은호야.

#99

반지하방 (D/ 컬러)

어둑한 방안에 홀로 들어오는 은호.
쓰러지듯 바닥에 웅크린다.
은호의 어깨가 가늘게 떨린다. 그대로 밤이 된다.

Cut to.

들이치는 햇살에 눈뜨는 은호.

반지하 쇠창살 사이로 작은 햇빛 조각이 들어오고
있다. 멍하니 방 안을 바라보는 은호.

결심한 듯 일어서 방 안을 정리하기 시작한다.

> 은호NA　로맨스 영화를 볼 때마다 답답했다.
> 꼭 헤어지고 나서야 정신을 차리는
> 멍청이들 같아서.

냉장고를 여는 은호.

작은 냉장고 안에 살뜰히 반찬통을 포개놓은 정원.

반찬통마다 라벨링이 붙어있다.

| 아저씨 김치 | 나물 | 은호닮은 오징어 | ... |

> 은호NA　내가 그 멍청이였다.

Cut to.

한결 깨끗해진 책상에서, 접어뒀던 게임개발 노트를
꺼낸다. 다정한 정원의 메모가 붙어있다.

| 은호야 밥먹고 일해. 쪽쪽 |

은호NA   그래도 살아 있으면 돌이킬 수 있을
거라고 믿으면서 무작정 버텼다.

은호가 다시 게임 개발에 몰입한다.

건반을 치고, 스케치를 하고...

모니터 화면에서 움직이는 제인과 에릭.

해외 '스팅' 사이트에 업로드하는 은호.

#100

오피스텔(or 아파트) (D/ 컬러)

가구 배달로 집 안으로 들어서는 은호.
방 한 컨에서 은호의 게임을 한 남자가 하고 있다.
그걸 보는 은호. 가슴이 두근댄다.

#101

반지하방 (D/ 컬러)

라자로스 게임 회사로부터 와 있는 메일.

#102

라자로스 게임회사 (D/ 컬러)

양복 입고 걸어 들어가는 은호.
회사 모니터 곳곳에 은호의 게임이 띄워져 있다.
환히 웃으며 인사하는 사람들. 악수하는 은호.

    은호NA   어떻게든 돌이킬 거라고.

#103

서점 (D/ 컬러)

> 대학 편입시험 준비 300일!

건축과 편입시험 서적을 뒤적이며 고르는 정원.

#104

편입학원 (N/ 컬러)

편입 시험을 준비하며 다시 수학 수업을 듣고
있는 정원. 문득 진동이 느껴진다. 핸드폰을
꺼내 드는 정원. 화면에 뜨는 발신자   은호
정원, 눈빛이 잠시 흔들리지만 받지 않는다.

#105

버스 안 (N/ 컬러)

영어 리스닝을 들으며 가고 있는 정원. 창밖으로
도로를 달리는 차들을 본다. 정원 핸드폰을 꺼내
은호를 찾아 '차단(or 삭제)'을 누른다.
정원, 참으려 하나 결국 눈물이 터진다.

#106

몽타주 (컬러)

라자로스 게임 회의실.
은호의 모니터에 떠 있는 포스팅.

> 신생 제작사 라자로스,
> 인디게임 붐 일으키나?

정원NA   조금씩

대학편입시험장.
입김이 이는 새벽, 대학교 건물 앞으로 바삐 걸음을
옮기는 정원. 학교 건물 위, 현수막 붙어 있다.

> 2014학년도 서현대학교 건축학과 편입시험장

지하철.

지하철에 앉은 은호, 앞에서 까부는 아이에게 자리를
양보한다. 아이가 태블릿으로 무슨 게임을 열심히
하고 있다. 슥- 넘겨다보면, 은호의 게임이다.
모른 척하려 하지만 두근두근대는 은호. 지하철에서
내린다. 그리고 같은 칸에 책을 들고 오르는 정원.

판교.

스타트업 동료들과 함께 거대한 건물 꼭대기를
올려다보는 은호. 대기업의 간판, 위용 넘친다.

제이슨 소프트

제이슨 소프트 로비.

임원진과 얼떨떨하게 악수를 나누는 은호. 라자로스가
제이슨 소프트에 인수합병되었다.

> 정원NA   조금씩, 하나씩 이뤄갈수록
>   깨닫게 되는 게 있었다.

주차장 주차 알바 중.

붉은색 주차 안내 옷을 입은 정원. 차를 안내하고
있다. 그러다 문득 핸드폰을 확인하는 정원.

> 서현대학교 건축학과 편입시험
> 합격을 축하합니다.

펄쩍 뛰는 정원. 뒤이어 들어오는 차에 정원 활짝
웃으며 안내한다.

서현대학교 강의실.
꿈에 그리던 건축학과에 편입한 정원.
수업을 들으며 신중히 미니어처 만드는 중이다.

　　　정원NA　　그때는 이미 지나갔고

2015년.
제이슨 소프트.
구글에 '싸이월드'를 검색해본다.
뉴스들이 가장 먼저 뜬다.

> 싸이월드 이대로 접속불가?
> 이용자 수 급락에 서버 일시 중지

　　　정원NA　　그 시절 우리는 이미 없다는 것.

반지하방.
이삿짐들이 다 빠진 반지하방. 이사 나가기 전, 방을
둘러보는 은호. 멀끔하게 잘 차려입은 모습. 사원증도

걸었다. 후련한 듯 방 안을 둘러보다가... 정원이 놓고
간 건축 관련 책, 사회복지론, D에게 보낸 편지 등
두세 권의 책을 바라본다. 책을 뒤적이는데 예전에
은호가 처음으로 정원을 그렸던 그림이 끼워져 있다.
주저앉아 한참을 바라보는 은호.

<blockquote>정원NA   돌이킬 수는 없다는 것.</blockquote>

#107

서현대학교 건축실습실 (D/ 컬러)

2016년.
도면을 그리고 미니어처를 만드는 정원.
팀플은 안 하고 옆에서 노트북으로 뭘 두드리던
동기가 훌쩍인다.

낯익은 선율이 들려온다.

<blockquote>
정원   뭐해?
동기   게임. 엔딩 찡해.
정원   무슨 게임인데?
</blockquote>

정원이 동기가 보여주는 노트북 화면을 흘긋 보다
멈칫한다. 익숙한 캐릭터- 에릭과 제인이다.

동기   아, 이 게임 좋아. 그래픽 너무
        아름답지? 사운드도. 봐봐.

동기가 노트북 화면에서 사운드를 올리자 익숙한
멜로디가 흐른다. 정원이 자주 흥얼거리던 멜로디다.
코끝이 찡해지는 정원.

#108

자취방 골목길 (D/ 컬러)

과거, 플래시백.
양손 가득 장을 보고 올라오는 정원과 은호.

은호   옛날에 에릭이라는 소년이 있었는데,
        유일한 친구였던 색깔 마법 소녀 제인이
        사라진 거야. 그랬더니 세상의 모든
        색이 싸악 사라진 거야.
정원   저런!

정원, 이야기를 들으며 헉헉댄다.

은호   에릭은 제인을 찾기 위해 온 세계를
        헤매면서 하나씩 하나씩 색을 되찾아.

가시덤불을 지나고, 바닷속을 건너고,
동굴에 들어가고! 눈 덮인 마을,
괴물들이 우글거리는 지하 감옥!
　　정원　엄청 고생하네.

정원이 숨을 헐떡이며 은호의 팔에 매달려 걷고 있다.

　　은호　드디어! 제인을 잡아간 새카만 대마왕과
　　　　　마주하는데-
　　정원　어휴. 빨리 찾아. 힘들어-

자신의 쇼핑백을 정원에게 들게 하는 은호.
정원을 업는다. 그리고 괴력을 다해 달리는 은호.

　　정원　꺅!
　　은호　제인! 꼭 잡아! 절대 떨어지지마!

으랴아! 하고 달렸다가 5초 만에 멈추는 은호.
깔깔 웃는 정원.
아무것도 부러울 게 없었던, 두 사람의 어느 날.

서현대학교 건축실습실 (D/ 컬러)

말없이 동기의 설명을 들으며 생각에 잠겨 있는 정원.
게임 모니터 속 에릭이 이리저리 뛰고 있다.

    동기 ...어? 언니 울어?
    정원 어? 아니. 게임 좋네.

아무 일 없다는 듯 씩 웃어 보이는 정원.

#110

서울역 (D/ 컬러)

서울역 KTX 대합실.
멀끔한 수트로 차려입은 은호와 은호의 새로운 애인이
누군가를 기다린다. 천천히 지팡이를 짚으며 나타나는
사람, 은호 아버지다.
얼른 달려가 아버지를 부축하는 은호와 애인.
은호 아버지, 눈이 잘 보이지 않는 듯 더듬거린다.

    은호 아버지.
    애인 안녕하세요?
    은호부 어? 정원... 아. 지은아.

은호와 애인의 당황한 얼굴.

     은호부 가자, 가자.

은호식당 앞 (D/ 컬러)

> 당분간 영업 않습니다.

은호식당 앞에 선 여자, 정원.
휴업 문구, 은호부의 눌러쓴 글씨체를 물끄러미
바라본다. 불 꺼진 내부.
여러 기억들이 정원의 눈에 스친다.

#112

호텔 근처 강가 (N/ 흑백)

강가의 두 사람.

     정원 우리 한강 다리에서 이렇게 서서 막
             소리치고 했던 거 기억나? 애들이랑.
     은호 도대체 그때 뭐라 했는지 기억이 안 나.

정원 각자 꿈 얘기하고, 막 취해 가지고.

은호 넌 그때 바라던 거 이뤘어? 뭐든.

정원 반쯤?

은호 멋지네. 나머지 반은?

정원 나머지 반은 그땐 간절했는데
이젠 못 이루겠지?

은호 뭔데?

정원 알잖아.

정원이 은호를 바라보는 눈길에
은호는 자신임을 깨닫는다.

은호 정원아, 그 시절에 나는 정말
널 많이 사랑했어. 알지?

정원 알아. 나도 널 많이 사랑했지.

은호 다 해주고 싶었는데, 뭐든.

정원 다 받았어. 생각해보니까
나도 너한테 할 말이 있어.

은호 …

정원 그때, 내 집이 되어 줘서,
정말 고마웠어. 은호야.

은호, 고개를 끄덕인다.
멀리 태양이 떠오른다. 두 사람 얼굴 위로 빛이
부서진다. 마치 처음 만난 날의 석양 빛처럼.

#113

공항 (D/ 흑백)

창공 높이 시원하게 날아가는 비행기.

#114

인천 공항 (D/ 흑백)

공항에서 나와 나란히 걷는 두 사람.

> 정원 미국 잘 들어가고.
> 은호 주소 좀 줘 볼래? 보낼 게 있어.

정원 지갑에서 명함을 꺼낸다.

> 커버넌트 건축 사무소
> 건축설계사 실장 한정원

코끝이 찡해지는 은호.

> 은호 잘했어. 해낼 줄 알았어.
>   너 된다고 했지.
> 정원 잠깐만.

정원 명함을 다시 받아 집 주소를 적는다.

　　　　정원　여기로 보내.

서로 바라보며 미소 짓는 두 사람.
이제 정말 헤어질 시간이다.

정원이 은호에게 악수를 청하듯 손을 내민다.
악수하듯 맞잡는 은호. 뭔가 어색하다. 풉, 웃음
터지며, 자연스레 친구처럼 포옹하는 두 사람.

　　　　정원　안녕.
　　　　은호　안녕.

은호와 정원, 오래 껴안고 서로를 응원하듯 다독인다.

#115

도로 (D/ 흑백)

인천 공항에서 출발해,
잘 닦인 도로를 달리는 정원의 차.

은호 서울 아파트 – 서재 (D/ 흑백)

이사 준비로 바쁜지 국제 이사 박스들이 쌓여 있다.
박스 중 하나를 열어 뒤적이다 편지 봉투 하나를 꺼내
든다. 편지에는, 정원에게 라고 또박또박 적힌 은호
아버지의 글씨체가 보인다.

#117

편지 몽타주 (흑백/ 컬러 교차)

정원 집. (흑백)
늦은 오후. 아담하고 아름다운 정원이 딸린 정원의 집.
열쇠를 열고 들어가려던 찰나. 우편함에 낀 약간 큰
봉투에 눈길이 스친다. 우편함을 열어보는 정원.
봉투 안에는 편지가 들어 있다.

정원에게 또박또박 서툰 글씨체가 적힌
은호 아버지의 편지다. 은호부의 글씨체를
알아본 정원의 눈동자가 흔들린다.
당장 뜯어보지 못하고 망설이는 정원.

　　은호부NA　정원아.

은호식당. (컬러)

돋보기 안경을 쓰고 꾹꾹 눌러 편지 쓰고 있는 은호부.

은호부NA 잘 지내니? 매년 이맘때 즈음이면 네
생각이 나는구나. 올해도 너 좋아하는
반찬들을 잔뜩 해버렸지 뭐냐. 너희들
헤어졌다는 이야기 은호한테 들었단다.
맛있게 먹어줘서 고마웠는데 전해줄
길이 없구나.

인연이라는 게 끝까지 잘되면 좋겠지만
서로를 실망시키지 않는 게 쉽지는
않지. 사람의 마음도 삶도 변할 수밖에
없는 거니까. 그래도 괜찮아. 괜찮단다.
어떤 선택을 해도, 어떤 삶을 살아도
정원이는 잘 해낼 거야. 그렇지?
이 편지가 너에게 전해지진 않겠지만…
나에게도 은호에게도 너는 참 귀한
사람이었어. 항상 말해주고 싶었단다.
그러니까 어디서든 밥은 꼭 잘 챙겨
먹어야 한다.

보고 싶구나 정원아. 늘 건강하고
언제나 행복하렴.

국을 끓이고, 나물을 무치고,
요리하는 은호부. (컬러)

꽉 닫힌 병뚜껑을 열려다
포기하는 은호부. (컬러)

'정원'이라고 견출지가 붙은 반찬통들에
음식을 담고 있는 은호부. (컬러)

정원의 반찬통을 앞에 두고
멍하니 바라보는 은호부. (컬러)
냉동실을 열어 반찬들을 넣어둔다.

해가 뜨고, 노을이 지고, 밤이 깊어진다. (컬러)
늘 같은 자리에서 바깥 풍경을 바라보는 은호 아버지.
전화기를 열어 1번을 눌러본다. 받지 않자 다시 접는
은호부.

제이슨 소프트. (컬러)
회사에서 열심히 일하는 은호.

은호식당 앞. (컬러)
노을 진 저녁. 식당 앞에서 누군가를 기다리듯
앉아있는 은호부. 은호부 사라지고 빈 의자만 남는다.

장례식장. (컬러)

은호부의 장례식장. 통통 부은 눈으로 영정사진을
바라보는 은호. 어린 아이를 안고 울고 있다.
은호의 딸이다.

은호식당. (컬러)

상주 옷을 입고 있는 서른 초반의 은호.
아버지의 공간을 둘러보는데. 냉장고 속 정원의
이름으로 쌓여 있는 반찬통들.
먹먹하게 바라보는 은호.

은호식당 방 안. (컬러)

은호, 하나 둘. 짐을 정리하고 있다.
무심결에 서랍을 여는데... [정원에게] 라고 꾹꾹
눌러쓰고 서랍에 넣어둔 아버지의 편지.

정원 집. (흑백)

은호 아버지의 편지 끝자락을 읽고 있는 정원.
거실에 햇살이 낮고 길게 들이친다.

Cut to. (흑백)

산 너머로 천천히 해가 넘어간다...

Cut to. 적막한 정원의 집. (흑백-컬러)

노트북을 열면 은호의 게임이 흑백인 채로

켜져 있다. 한참을 바라보던 정원,
게임 스토리의 마지막이다. 에릭과 제인이 만나
바닷가에 앉는다. 그 옛날 정원과 은호처럼.

엔딩을 보시겠습니까?

떠오르는 문구. 정원이 엔터키를 누르자,
에릭과 제인의 모습 뒤로 아름다운 색들이
뿜어져 나온다.
모니터를 시작으로 흑백이던 집안과 정원의 모습도
점점 컬러로 변해가기 시작하고-

INSERT F/B-
두 손 모아 기도하는 은호와 정원.
정원을 바라보던 은호가 눈을 감자 이번에는
정원이 살며시 눈을 떠 은호를 바라본다.

정원NA 소원 같은 건 진작 잊어버렸다.
　　　　기억하는 건-
　　　　그때 꿈을 꿨다는 것.
　　　　같이 소원을 빌었다는 것.
　　　　우리가 있었다는 것.

완전히 컬러로 변한 세상.
미소 짓고 있는 정원에서.

THE END

스
토
리
보
드

고속버스터미널(컬러)

비가 내리는 버스터미널에서 누군가를 스케치하는 은호.

4A

1

고속버스터미널 전경

서울, 2008년 여름.

한산한 버스터미널 풍경.
창밖으로 투둑투둑 비가 내리고 있다.

이하4B

2

창문 너머 버스들 Track out → 은호

Cut to.

터미널 내 대기 공간.
어딘가 들려오는 라디오 소리.

라디오
...전국에 빗줄기가 오락가락하고 있습니다. 특히 이번에 내린 폭우로 지반이 약해진 일부 산간 지역 산사태 주의보가 발동 중입니다. 주변 지나실 때 운전에 각별한 주의를 부탁드립니다.

작은 스케치북을 들고
누군가를 스케치 하는 **은호**(22).

3

고속버스터미널(컬러)

비가 내리는 버스터미널에서 누군가를 스케치하는 은호.

4

은호 POV (스케치북에 그리던 행인)
혹은 스케치북 Tilt up → 책 읽는 남자

5

스케치북을 넘겨 새로운 스케치할 거리를 찾다,

6

서있는 버스를 스케치하기 시작한다.

7

은호 POV

그때, 은호의 시야로 **정원**이 우산을 펼치며 지나간다.

8

정원을 따라 움직이는 은호의 고개.

고속버스터미널(컬러)

비가 내리는 버스터미널에서 누군가를 스케치하는 은호.

9

은호 POV

멀리 비닐우산을 쓰고 담배 피우는 정원.

10

Track In

4C

11

Track In

다소 거칠게 살아온 듯 보이는 정원.
뱅 머리에 약간 짙은 화장.
자유로운 영혼처럼 보이는 눈빛.

172

고속버스터미널(컬러)

D	CUT
L	13

비가 내리는 버스터미널에서 누군가를 스케치하는 은호.

12

홀린 듯 스케치를 시작하는 은호.

13

 **5A** 고속버스터미널-버스 안(컬러) <u>2008 여름 Day1</u>

D	CUT
L	18

은호와 정원의 첫만남.

1

[버스 외부]
호남선 표지판 Boom Down → 버스

우산을 접으며 버스 안으로 어리바리
걸어 들어가는 은호.

2-1

[버스 내부]
은호 정면 Follow / 짐벌

 F.I 안경에 김이 서렸다.

겨우 자리를 찾았는데...

5A ## 고속버스터미널-버스 안(컬러) <u>2008 여름 Day1</u>

D	CUT
L	18

은호와 정원의 첫만남.

2-2

좌석에 누가 앉아있자, 자기 자리가 맞는지
앞뒤로 두리번거리는 은호.

3

은호 POV

창가 자기 자리에 웬 여자애, **정원**(22)이 앉아 있다.

4

은호   저기..

5

6

(=4)

은호   제가 29A인데...

175

은호와 정원의 첫만남.

7

정원　　(잘 못 들은 듯) 네?

정원이 올려다본다.

<u>Track In</u>

은호가 아까 스케치했던 애다.

8

<u>(=4,6)</u>
<u>Track In</u>

김 서린 안경으로 정원을 멍하게 바라보는 은호.

9

<u>(=7)</u>

순간 번개가 파바박 친다.
번쩍이는 정원의 얼굴.

10

<u>(=4,6,8)</u>

얼어붙은 듯 바라보는 은호.

은호　　제 자리...

고속버스터미널-버스 안(컬러) <u>2008 여름 Day1</u>

5A

은호와 정원의 첫만남.

D	CUT
L	18

11

<u>(=7,9)</u>

정원　(티켓 확인하며) 아! 예. 옆이네...

12

<u>(=4,6,8,10)</u>

은호　아뇨. 아뇨. 그냥 앉으세요.

13

정원을 만류하고

옆 좌석에 앉는 은호.

기사 아저씨. 들어와...

기사　(전화기에 대고) 아이 거 참...
　　　이런 날 꼭 별일 생긴다니까?

14-1

기사　(승객에게) 출발합니다.

5A 고속버스터미널-버스 안(컬러) <u>2008 여름 Day1</u>

은호와 정원의 첫만남.

D	CUT
L	18

14-2

기사 　 안전벨트 하세요.

15

<u>(=13)</u>
<u>Tilt Down</u>

자신의 안전벨트를 꼭 조이는 정원.

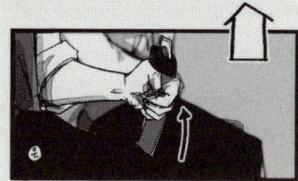

<u>Tilt Up</u>
은호, 안전벨트를 잡는데...

 **고속버스터미널-버스 안(컬러)** <u>2008 여름 Day1</u>

은호와 정원의 첫만남.

D	CUT
L	18

5A

16 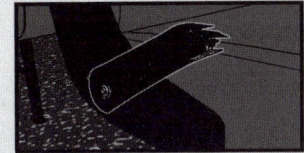 꼬다리가 없다. 슬쩍 묶는다.

17

18  정원이 보고 쿡쿡 웃는다.

 **5B, C**

고속도로-버스 안(컬러)

(시간 경과) 자고 있는 정원을 보는 은호.

D	CUT
L	9

5C

1

Cut to.

달리는 버스.
창밖 비는 그쳤다.

2

리깅

이하 5B

3

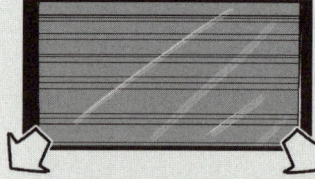

은호 가방에 삐져나온 스케치북.

4-1

**창문 밖으로 보이는 풍경 Track out
→ 은호, 정원 측면**

고속도로-버스 안(컬러)

5B, C

(시간 경과) 자고 있는 정원을 보는 은호.

2008 여름 Day1 | D | CUT |
| L | 9 |

4-2

눈 감고 자던 은호,
슬며시 눈을 떠 정원을 보는데...

5

6

은호 POV

정원이 자고 있다.

7

은호는 스케치북을 꺼내 자신이 스케치한 여성이
정원이 맞는지 한 번 더 본다...

고속도로-버스 안(컬러)

(시간 경과) 자고 있는 정원을 보는 은호.

D	CUT
L	9

8

완성된 정원 그림.

9

은호도 얌전히 눈을 감는데...

1

[계단]
<u>Boom up, Swing / 크레인</u>

정원의 짐을 들고 올라가는 은호,
입꼬리가 귀에 걸렸다!

은호 　 아이 진짜 좁아 죽겠는데 진짜
　　　　 내가 너 땜에 못 산다. 한정원 진짜.

34B

2-1

[자취방 안]
<u>입구 정면 PAN → 책상에 않는 둘 /</u>
<u>Track In / 감성HH</u>

캐리어를 낑낑 들어 현관에 놓는 정원.
방을 둘러본다. 은호 말마따나 지저분
그 자체지만 고시원보다는 훨씬 넓고
창도 있다.

여기저기 붙은 외국 게임 포스터들.
널려 있는 빨래와 팬티. 은호가 그제야 허겁지겁
먼저 들어서서 빨강팬티 등을 마구 치운다.

은호 　 이거나 쐬고 있어.
　　　　 (선풍기를 정원 쪽에 돌려준다)

정원 　 ...

34 은호 자취방(컬러)

은호의 집에 처음으로 들어온 정원.

2-2

왱- 선풍기 바람 속에 어색하게 앉아 있는 두 사람.

정원   안 물어봐?

은호   어? 뭘?

정원   왜 깨졌냐고?

34C

3

감성HH

은호   깨졌어?

정원   응.

은호   뭐, 깨질만 했나부지. (입꼬리 씰룩)

4

감성HH

정원이 숨을 고르더니 입을 연다.

정원   민재 오빠 엄마 만났다.

5

(=3)

은호   아니, 바다 쪽에 사셔?

6

(=4)

정원   아니 그게 아니구, 우연히 만났는데,
호구조사를 하더라구.
그래서 솔직하게 부모님 안 계시고
고시원 산다고 했더니 막 얼굴이
벌게지더니 눈물이 고이는 거야.

7

(=3,5)

은호   눈물?

8

<u>감성 HH</u>

정원   내가 불쌍하대.

9

<u>감성 HH</u>

은호   미친...

10

(=8)

정원   아줌마는 횡설수설하는데 결론은 그거더라구. 돈은 없어도 된다. 하지만 좋은 가정환경은 중요하다. 나두 그렇게 생각해. 근데... 어쩌라구? 강민재는 입 꾹 닫고 한마디도 안 하더라구.

11

(=9)

은호   뭐 아침드라마 찍냐?

은호 자취방(컬러)

은호의 집에 처음으로 들어온 정원.

12

(=8,10)

정원　고시원에 돌아와 멍하게 앉아 있었어.
근데 쬐끄만한 창문으로 햇빛이
손바닥만하게 들어오더라구.
...아, 난 햇빛도 이것밖에 못 가지나보다.
이 딱 손바닥만큼만.
그래서, 슬펐어. 그랬다고.

13

(=9,11)

14

(=2)

은호가 일어선다.

fr.0

15

커튼을 걷는다.

16

창문을 쫙 연다.
넓은 햇살이 정원에게 쏟아진다.
눈부시게.

34 은호 자취방(컬러)

은호의 집에 처음으로 들어온 정원.

17

은호 자, 가져라.
내가 큰맘 먹고 너 준다, 진짜.

18

정원 기숙사 붙을 때까지만 있을 거야.
당분간만. 월세는 딱 반띵.
이십만, 사기는 치지 마라.
내가 니 월세 빤히 아니까 그리고-

19

Track In

은호 잘 왔어.

20

Track In

정원 ...

21

(=19)

은호 웰컴이라고.

187

은호 자취방(컬러)

은호의 집에 처음으로 들어온 정원.

22

(=20)

정원   …

23

(=19,21)

은호   친구로서.

24

(=17)

그때, 딩동- 똑똑똑!
깜짝 놀라 서로를 바라보는 은호와 정원.

25

살짝 문을 여는 은호.
문밖에는, 어쩐지 굉장히 청초한 느낌의 흘리는 듯한
여인이 노트북을 들고 서있다.

옆방여자   은호 집에 있었네,

26

27

(=25)

옆방여자   나 노트북이 또 고장...
어? (정원 보고) ? 애인?...

28

(=26)

은호   그냥 아는 여자예요.

정원이 은호의 어깨에 머리를 기댄다.

정원   네, 부랄친구라고 하죠.

29

(=25,27)

옆방여자   아아- 재밌는 친구네.
나 이거 쫌만 봐줄래?

30

(=26,28)

은호   예, 누나 들어오세요.

31

(Jump)

컴퓨터를 받아 들고 열심히 살펴보는 은호.
그를 빤히 보는 옆방 여자.

32

33

심술이 차오르는 정원.

34

정원 POV / Tilt up

35

(=33)

밖에서 누군가 부르는 소리가 들린다.

남자　　(소리) 자기야!

은호 자취방(컬러)

은호의 집에 처음으로 들어온 정원.

36

<u>(=31)</u>

옆방여자   어! 잠깐만! (은호에게) 부탁해~!

그녀가 사라진다.

정원   (흉내) 부탁해~~~ 어우 싫어.

37

은호   왜? 귀여운데.

38

정원   귀여워?! 저게 귀여워?!
그러니까 네가 모태솔로인거야.
이성 보는 눈이 글케 없냐?

39

<u>(=37)</u>

은호   너만큼 없냐?

34 은호 자취방(컬러)

은호의 집에 처음으로 들어온 정원.

40

(=38)

정원   (풀이 팍 죽어) 힝.

41

(=37,39)

은호 심술부리는 정원이 귀여운지 미소를 짓는다.

35A

1

씻고 나와 은호의 바닥에 깔린 얇은 요에 누울
채비하는 정원. 한 공간에서 자는 게 긴장되면서도,
정원의 잠자리가 불편해 보여 신경 쓰이는 은호.

2

은호　야! 이리와. 네가 여기서 자.

정원　싫어, 네 매트리스잖아요.

은호　너 오늘 힘들었잖아. 오늘만. 오늘만.

3

은호가 물러설 기미가 안 보이자 정원,
장난을 멈추고 매트리스로 올라간다.

정원　고맙다.

은호　불 끈다.

정원　응.

4

어둠 속에서 서로 돌아 누운 채 눈을 감지 못하는
두 사람.

옆방에서 신음 소리가 들린다.

5

정원　와우.

6

은호가 MP3를 꺼낸다.

은호   들을래?

이어폰을 정원의 귀에 대준다.

7

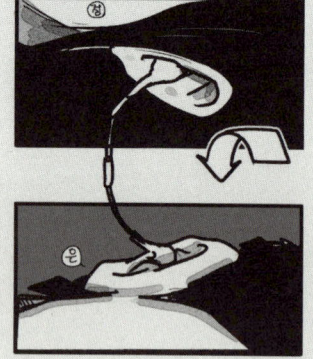

이어폰 꽂은 정원 귀 → 이어폰 줄 따라 → 은호 귀 / 크레인

임현정 '사랑은 봄비처럼...'
음악이 싱그리이 울려 퍼진다.

35 은호 자취방(컬러)

동거 첫날밤.

8

정원 어? 내 미니홈피도 이 곡인데.

은호 (모른 척) 그래? 나둔데!
이 곡 좋아해?

정원 응. 좋아해.

9

한 짝씩 나눠 끼고 잠들지 못하는 두 사람.
팽팽한 이어폰 줄.

10

11

(=3)
Boom Down

12

(=5)
Side Tracking

35 은호 자취방(컬러)

동거 첫날밤.

13

(=4)
Side Tracking

14

Side Tracking

15

Boom up, Track out

35B

16-1

Cut to. 새벽.

화장실 물소리.

 **35** 은호 자취방(컬러)

동거 첫날밤.

16-2

비몽사몽간에 은호 나와서

17-1

Boom down

매트리스에 털썩 몸을 누이는데...

정원의 다리가 척 올라온다.
그제서야 실수로 매트리스에 누웠다는 것을
깨닫는 은호.

조심스레 바닥으로 내려간다.

간신히 내려간 바닥.

35 은호 자취방(컬러)

동거 첫날밤.

N	CUT
S	17

17-2

심장이 두근두근.

36A, B

은호 자취방 몽타주(컬러)

청소하고, 미니어처 두는 정원.

2009 여름 Day17

D	CUT
S	4

36A

1

Track In

창문을 열어 바람과 햇살을 만끽하는 정원.

청소하는 정원, 은호.

36B

2

(Jump)

자신의 미니어처를 책상에 올려놓는다.

3

(Jump)

책장에 자신의 책을 꽂는다.

4

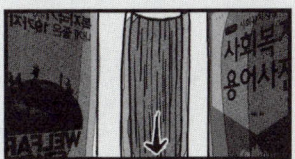

책이 꽂히면 → Black

은호 자취방 몽타주(컬러)

함께 밥 먹고, 설거지하는 은호, 정원.

D	CUT
S	10

36C

1

찌개 POV (Black → 은호, 정원 low 2S)

둘이 나란히 앉아 밥을 먹는 풍경.

2

Track In

은호가 안 열리는 병을 내밀자

3

정원이 힘주어 열어준다.

4

(=2)

36D

5

(Jump)
Track In

나란히 서서 설거지하는 두 사람.

은호 자취방 몽타주(컬러)

2009 여름 Day18

D	CUT
S	10

함께 밥 먹고, 설거지하는 은호, 정원.

6

그릇 넘겨주는 은호 손 PAN → 받는 정원 손.

7

노래 흥얼거리는 정원을

8

쳐다보는 은호.

은호　　그거 무슨 노래야?

9

정원　　어?

은호　　너 자주 흥얼거리는 거.

은호 자취방 몽타주(컬러)

함께 밥 먹고, 설거지하는 은호, 정원.

2009 여름 Day18

D	CUT
S	10

10

<u>(창문 너머) 2S</u>

정원   아! 나도 몰라. 언젠가 들은 거 같은데...
자꾸 맴돌아.

38 은호 자취방(컬러)

빨래 개는 은호 옆에서 금목걸이 목에 대보는 정원.

1

목걸이 박스 열려 있고

2

정원이 목걸이를 바라보다 목에 대본다.

(거울 반영)

3

은호 빨래한 수건을 토끼 모양으로 개고 있다.

4-1

Focus play (거울 속 정원 → 은호)

목걸이 대보는 정원이를 못마땅한 듯 바라본다.

은호　야, 그거 나 줘.

정원　싫어. 내가 널 왜 줘.

38 은호 자취방(컬러)

빨래 개는 은호 옆에서 금목걸이 목에 대보는 정원.

N	CUT
S	18

4-2

정원이 은호 옆에 달라붙어 앉는다.

5

정원 어떡하지?

은호 그걸 왜 나한테 묻냐?
절루가, 우리 토끼들 건들지 말고.

6

정원 질투하는거야?

7

은호 뭐래? 삶이 힘든가봐. 미쳤어.

8-1

(=5)

정원 너 솔직하게 말해봐. 나 좋아하지.

은호 야!? 너 내 스타일 아니거든?

정원 네 스타일이 뭔데?

빨래 개는 은호 옆에서 금목걸이 목에 대보는 정원.

N	CUT
S	18

8-2

그때 멀리 벽을 타고 들려오는 소리!

9

아아... 아아.... 오빠악.... 신음소리다!

10

<u>(=5,8)</u>

동시에 얼굴 붉어지는 두 사람.
아연실색 했다가... 이윽고,

정원　　아. 저 언니같은 스타일?

은호　　오늘도 바쁘시네!

11

<u>(=6)</u>

정원　　미안하다.
　　　　나만 아니면 저 방 가 있을 수도 있는데.

12

<u>(=7)</u>

은호　　너는 그냥 친구라고 세 번이나 말했는데도
　　　　선을 안 넘으시더라구.

점점 거세지는 소리, 점입가경.

13

정원이 데굴데굴 구르며 웃는다.

정원　야, 안되겠어. 우리도 공격하자!

정원이가 신난 듯 눈을 빛내더니 신음소리를
내기 시작한다. 발로 벽을 두드리고.

14

은호　야! 야! 하지 마!

정원　하아! 핫! 은호얏! 친구끼리 이럼 안돼!

은호　(말리며) 야아! 야! 야! 그만해.

정원　(작게) 나 혼자 하면 너 벌써 체력
　　　　끝난 줄 알걸, 저 언니가?

15

은호　아, 그건 좀 곤란한데...

정원　은호야! 왜 이래! 끝난 거야.

은호　아니야! 그럴리가! 기다려! 으악

깔깔대며 풀어지는 두 사람.

16

은호는 노트북으로 음악을 재생하고,

17

침대 옆에 앉는다.
정원은 목걸이를 들고 침대에 눕는다.

은호 자취방(컬러)

빨래 개는 은호 옆에서 금목걸이 목에 대보는 정원.

2009 늦여름/초가을 Day19

N	CUT
S	18

18

목걸이를 바라보는 두 사람.

1

은호　　한정원!

2

정면 Follow / 집벌

도망치듯 걷던 정원이 멈춘다.
가만 서 있다가,

홱 돌아선다.
아무 일 없었다는 듯 뻔뻔한 얼굴.

은호　　... 뭐냐고.

3

정원　　뭐.

4-1

<u>(=2)</u>

은호　　...

은호, 정원의 얼굴을 보니 기가 찬다.

은호　　됐다. 나도 더는 못 해 먹겠다. 잘 살아라.

은호식당 근처 바닷가(컬러) <u>2010 겨울 Day22</u>

정원에게 고백하는 은호. 키스하는 두 사람.

D	CUT
L	18

4-2

은호가 돌아서려 하자, 정원이 머뭇대다 소리친다.

5

<u>(=3)</u>

정원   이은호!

6

<u>(=2,4)</u>

은호   (홱 돌아보며) 왜?!

7

<u>(=3,5)</u>

정원   알잖아, 왜 안되는지!

8

Track In

은호   모른다고! 왜 안돼? 양아치 같은 새끼는 되고 나는 왜 안돼? 건축가가 아니라서? 집도 없고 돈도 없고 뭐 하나 보여줄 것도 없어서?!

정원   우리가 서로한테 도움이 돼?! 야, 나 좀 있으면 졸업도 해야 되고, 어? 언제까지 너한테 엮여 있을 수도 없고

209

57 은호식당 근처 바닷가(컬러) <u>2010 겨울 Day22</u>

정원에게 고백하는 은호. 키스하는 두 사람.

D	CUT
L	18

9

<u>Side Tracking</u>

은호   니 마음이 뭐냐?

10

<u>Side Tracking</u>

정원   어?

11

<u>(=9)</u>
<u>Side Tracking</u>

은호   니 마음. 뭐냐고?

12

<u>(=10)</u>
<u>Side Tracking</u>

정원이 침묵한다. 침묵 끝에...

정원   ...무서워.

13

<u>(=2,4,6)</u>

은호   뭐가 무서워?

57 은호식당 근처 바닷가(컬러) <u>2010 겨울 Day22</u>

정원에게 고백하는 은호. 키스하는 두 사람.

D	CUT
L	18

14

<u>(=3,5,7)</u>

정원　돌아갈 곳이 없을까봐 무서워.
너까지 잃어버리면 난 진짜 돌아갈 곳이
없단 말야.

15

<u>(=2,4,6,13)</u>

은호　날 왜 잃어버려? 내가 어디 가?

16

<u>(=3,5,7,14)</u>

정원　우리가 사귀다 헤어지면, 다시는 너랑
같이 노래방도 못 갈 거고, 여기 식당도
못 오고, 술도 못 마시고...

17

<u>(=2,4,6,13,15)</u>

은호　바보야. 시작도 안했는데,
헤어질 걱정을 왜 해?

18-1

<u>(=8)</u>
Track In

정원　몰라. 그런 마음이 들어.

은호　그럼 날 꼭 잡고 있어. 잃어버리지 말고.

57 은호식당 근처 바닷가(컬러) <u>2010 겨울 Day22</u>

은호식당 근처 바닷가(컬러)

정원에게 고백하는 은호. 키스하는 두 사람.

D	CUT
L	18

18-2

은호가 정원의 손을 잡아 자신의 팔을 잡게 한다.
그리고 그녀를 당겨서 둘이 포옹한다.

은호　　　내가 정말 정말 잘해줄게, 정원아.

정원　　　... 그게... 다야?

은호　　　왜? 부족해?

정원　　　뭐 심장도 떼주고 그런 말 안해?

은호　　　(미소) 그래, 심장도 떼주고,
　　　　　　간도 떼주고, 눈도 떼줄게. 다 갖고 가.

정원　　　야! 그게 뭐야?!

둘이 키스한다. 사락사락 내리는 눈.

지하철역(컬러)

열차에 올라탄 정원을 붙잡지 않고 보내는 은호.

D	CUT
L	16

97C

6

[승강장]
고속 48Fps / HH

끝내 승강장에 도착한 정원.

7

고속 48Fps / HH

굳은 결심으로 지하철에 올라탄다.
그런데 그때. 급하게 계단을 뛰어 내려오는
누군가의 발걸음 소리.

고개 들어보면, 땀과 빗물에 흠뻑 젖은 은호.

97 지하철역(컬러)

D	CUT
L	16

열차에 올라탄 정원을 붙잡지 않고 보내는 은호.

8

고속 48Fps / HH

그렇게 한동안 서로를 바라본다.

**'열차가 출발합니다.
발 빠짐 주의, 발 빠짐 주의.
출입문 닫습니다...'**

9

고속 48Fps / HH

안내음이 흘러나오는데...
은호는 열차에 타지 않는다.

10

고속 48Fps / HH

11

고속 48Fps / HH

12-1

고속 48Fps / HH
정원 POV

지하철역(컬러)

열차에 올라탄 정원을 붙잡지 않고 보내는 은호.

12-2

*카메라 반사 → CG 가능성

13

**고속 48Fps / HH
은호 POV**

**끝내 타지 않을 은호의 마음을 느끼는 정원.
지하철 문이 닫힌다. 지하철이 출발하고-**

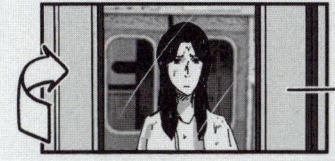

*카메라 반사 → CG 가능성

14

(=12)

정원의 시야 멀리 무기력한 은호가 보인다.

97

지하철역(컬러)

열차에 올라탄 정원을 붙잡지 않고 보내는 은호.

D	CUT
L	16

15  (=13)

16  48Fps / HH

115

인천 공항(흑백)

공항을 나와 작별 인사하는 은호와 정원.

2024 여름

D	CUT
L	23

1

공항에서 나와 나란히 걷는 두 사람.

2

Side Tracking

3

정면 2S Follow

정원 미국 잘 들어가고.
(장난스레) 다음엔 다시 보지 말자.

4

은호 주소 좀 줘 볼래? 보낼 게 있어.

5

정원 지갑에서 명함을 꺼낸다.

6

내미는 명함.

'커버넌트 건축 사무소 건축설계사 실장 한정원'.

7

(=4)

코끝이 찡해지는 은호.

은호　잘했어. 해낼 줄 알았어.

8

(=5)

정원　게임 씨디면 반송한다.

9

(=4,7)

은호　씨디 없어. 다운받는 거야, 실장님.
　　　이리로 보낼게.

10

(=5,8)

정원　잠깐만.

정원, 명함을 다시 받아

인천 공항(흑백)

공항을 나와 작별 인사하는 은호와 정원.

11

집 주소를 적는다.

12

<u>(=5,8,10)</u>

정원　여기로 보내.

13

<u>(=4,7,9)</u>

서로 바라보며 미소 짓는 두 사람.

14

<u>(=5,8,10,12)</u>

정원　잘가라.

15

<u>(=4,7,9,13)</u>

은호　잘가.

115 인천 공항(흑백)

공항을 나와 작별 인사하는 은호와 정원.

2024 여름

D	CUT
L	23

16

(=5,8,10,12,14)

정원 앞서 걸어가다

17

다시 돌아온다.

18

(=5,8,10,12,14,16)

정원　　그땐 제대로 못했으니까...
　　　　우리, 제대로 이별하자.

정원이 은호에게 악수를 청하듯 손을 내민다.

19

(=4,7,9,13,15)

악수하듯 맞잡는 은호.
뭔가 어색하다. 풉, 웃음 터지며,
자연스레 친구처럼 포옹하는 두 사람.

20  **정원**   안녕.

21  **은호**   안녕.

22  **스텝 프린팅**

은호와 정원, 오래 껴안고 서로를 응원하듯 다독인다.

23  각자의 길을 가는 은호와 정원.

사
진
들

257

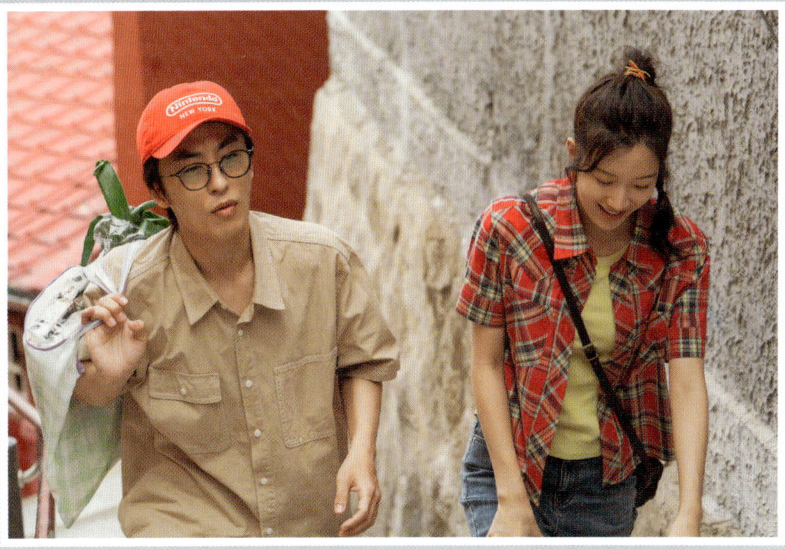
Nintendo
NEW YORK

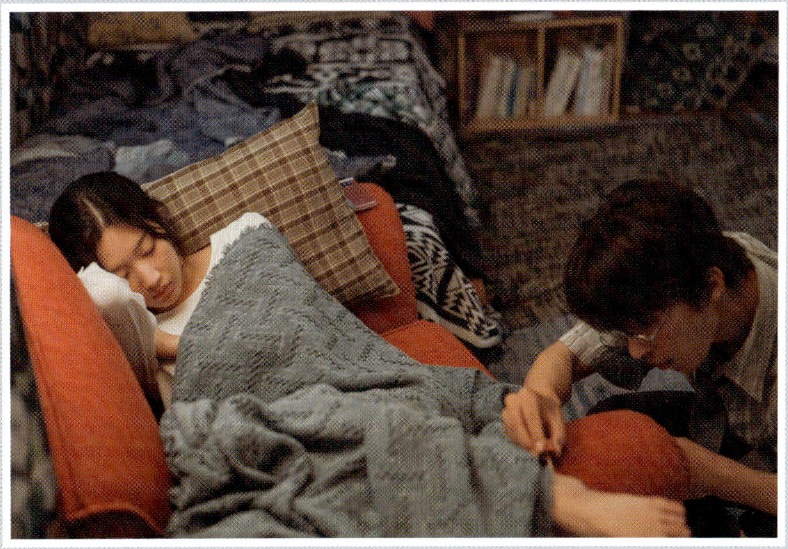

274

엔딩을 보시겠습니까?

어떤 사랑은, 어떤 영화처럼, 엔딩을 보고 난 후에도 계속된다.
〈만약에 우리〉(김도영, 2025)는 바로 그 '계속됨'을 응시하는
영화다. 한때 빈틈없이 몸을 포개던 연인이 이제는 멀찍이 떨어져
눈치를 살핀다. 국경을 건너 도착한 낯선 도시, 태풍 한가운데서
다시 마주한 두 사람. 그들을 번갈아 비추는 현재의 흑백 화면은
이미 지나가 버린 시간을 예감하게 한다. 그리고 서로를 발견하고
멈칫하던 은호(구교환)와 정원(문가영)의 뺨에 결국 미소가 번지는
순간, 우리는 직감한다. 이것은 다시 사랑에 빠지는 이야기가 아니라,
사랑이 끝난 뒤에도 이어지는 삶에 관한 이야기라는 것을.

'한국 패치'를 넘어선 영혼의 이식:
서울과 고흥, 그리고 게임

리메이크의 관건은 단순한 번안이 아니라 재해석이다. '왜 지금
여기서, 이 이야기를 다시 하는가?'라는 질문에 김도영 감독과
염문경 작가는 시대와 공간을 차별점으로 내세운다. 이들은 원작
〈먼 훗날 우리〉(유약영, 2018)의 정서를 보존하면서도, 그
뼈대 위에 이천년대 한국 청춘의 생존 조건을 촘촘히 얹어 냈다.
'베이징'이 '서울'로 바뀌며 인물들은 더 개인화되고, 주거 역시
쪽방촌의 공동체적 형태에서 고시원, 반지하, 옥탑 등 단절된 구조로
변모했다. 반면, 은호의 고향인 '고흥'은 서울이라는 냉랭한 도시와
극명하게 대비되는 온도로 등장한다. 서울선 월세와 보증금,
취업과 계약, 늘 아슬아슬한 통장 잔액을 밥 먹듯 걱정하지만,

고흥의 식탁에 둘러앉으면 서로 안녕을 묻고 추억을 나눈다. 영화는 이 거대한 격차 속에서 부유하는 두 청춘을 지나친 연민이나 과장 없이 그린다.

가장 돋보이는 각색의 묘미는 '게임'이라는 소재의 확장이다. 원작에서 게임이 주인공에게 성공을 안기는 계기였다면, 본작에서는 인물들의 과거와 현재를 잇는 가교이자 영화적 이미지를 풍성하게 만드는 핵심 메타포로 작동한다. 은호가 구상하는 게임은 평탄하다. 화려한 액션도 비참한 시련도 건너뛴 채, 그는 한 소년과 소녀가 만나는 이야기를 떠올린다. 소녀를 잃으면 세상도 색깔을 모두 잃고, 소녀를 찾으면 세상도 찬란하게 빛난다. 효율과 속도를 강조하는 서울의 논리는 이를 "트렌드에 안 맞는다"고 밀어내지만, 그 고집스러운 진심과 낭만은 곧 은호의 정체성을 이룬다. 은호는 게임으로 고유한 세계를 일구며 수렁에서 벗어나는가 하면, 게임 속에서 정원과의 또 다른 연결을 상상하기도 한다. 그렇게 영화는 기억과 정서의 매개로서 게임을 활용하는 동시에, 시각적으로는 게임과 영화의 흑백/컬러 전환을 영민하게 교차하며 감정을 극대화한다.

결핍과 결핍이 만나 '집'이 되기까지

정원과 은호는 상실을 기본값으로 둔 인물이다. 정원은 보육원에서 자라 일찌감치 자립을 요구받은 것으로 묘사된다. 어릴 적에 엄마를

여읜 은호 또한 이별과 부재의 의미를 모르지 않는다. 여리고
누추한 곳부터 강하고 아름다운 곳까지 고루 들여다본 두 사람은
자연히 서로에게 끌린다. 어느 날 애인 어머니를 만나고 상처받은
정원이 고시원에서 짐을 챙겨 무작정 은호의 자취방으로 찾아간다.
"고시원에 돌아와 멍하게 앉아 있는데, 쬐끄만한 창문으로 햇빛이
딱 손바닥만큼만 들어오더라고. 난 햇빛도 이것밖에 못 가지나 보다
싶었어." 짐짓 덤덤한 척 넋두리하던 정원의 눈시울이 붉어지려는
찰나, 은호가 벌떡 일어나 창가의 커튼을 젖히며 말한다. "자, 이거
너 가져." 정원의 이마 위로 햇빛이 부족함 없이 쏟아지고, 둘은
그날부터 한집에 산다. 이 장면은 사랑에 관한 간명한 정의처럼
다가온다. 은호와 정원에게 사랑이란 양지를 넓히는, 상대의 음지로
들어가서 기꺼이 빛을 만들어 내는 일인 셈이다.

그러한 맥락에서 둘의 사랑은 연애 감정을 넘어 동지애로 기운다.
은호와 정원은 서로를 구원한다기보다, 각자의 결핍을 인정하며
동행하는 관계다. 상실과 가난, 불안이라는 공통의 조건 위에서
두 사람은 수직이 아니라 수평으로 만난다. 〈만약에 우리〉는 여성
캐릭터를 강화함으로써 인물뿐 아니라 관계와 갈등에도 새로운
가능성을 부여한다. 원작 인물이 표면적으로 '베이징 남자'와의
결혼과 그를 통한 계급 상승을 꿈꾸었다면, 정원은 타인을 경유해
이동하려 하지 않는다. 그는 은호만큼 또렷한 욕망과 결단력을
지닌 주체로 서 있다. 정원이 '건축가'를 꿈꾸는 설정은 그래서
의미심장하다. 집을 짓고 싶다는 정원의 고백은 부동산이 아니라
존재의 승인에 대한 욕망을 가리킨다. 은호에게 게임이 그러하듯

정원에게 집은 스스로 가꾼 세계이며, '내 집 마련'은 단지 자산
가치나 계급 상승의 표지에만 그치지 않는다. 그것은 태어나서
한 번도 가져보지 못한 완전한 내 편이고 더는 밀려나지 않아도 되는
자리이며, 뿌리를 내릴 수 있는 토대다.

은호의 정원, 정원의 은호

한편 은호는 정원에게 그러한 집이 되어주려 하지만 현실의 벽은
높기만 하다. 의기투합했던 친구들은 먹고 살길을 찾아 뿔뿔이
흩어지고, 아무리 일해도 형편은 나아지지 않으며, 보증금은 해마다
껑충 오른다. 서울에 내 몸과 마음을 편히 둘 자리는 요원하게
느껴진다. 영화는 서두르는 기색 없이, 두 사람이 함께한 시간을
기록해 간다. 그 과거는 단지 낭만적 추억에만 머무르지 않는다.
그곳엔 개인이 뛰어넘기엔 어려운 사회적 조건이 축적되고, 청춘들의
덜 여문 어깨는 날이 갈수록 열등감과 패배감에 짓무른다. 두 사람이
현실의 무게에 눌려 서로를 놓치게 되는 과정은 소통의 실패라기보다
구조의 압력처럼 보인다. 누구보다 자신을 밝게 비추던 은호가
어느새 자신을 깊은 그늘 속에 가두고 있음을 깨닫는 순간, 정원은
돌아서기로 마음먹는다. 더는 미래를 기대할 수도 낙관할 수도
없기에 은호는 정원을 붙잡을 용기를 내지 못한다.

과거와 현재를 오가는 서사에 생명력과 설득력을 불어넣는 주요한
존재는 배우들이다. 구교환은 특유의 위트와 애교 섞인 연기로

인물에 입체감을 부여하면서 은호의 미숙함과 다정함을 동시에
드러낸다. "백억 벌기!"를 외치던 허세와 "너한테 제일 먼저 보여줄
거야"라고 속삭이던 다짐 사이에서, 그는 시행착오를 겪을 수밖에
없는 청춘의 애달픈 잔상을 남긴다. 문가영은 외유내강의 정원을
근사하게 체화한다. 정원은 타인에게 기대고 머무르는 대신에 스스로
세우고 짓는 길을 택한다. 문가영은 건축가를 꿈꾸며 치열하게
달려가는 청춘의 얼굴과 사랑 앞에서 무너지는 연약한 내면을
오가며, 원작보다 훨씬 주체적이고 단단한 결로 인물을 빚는다.
여기에 감정의 농도와 밀도를 세심하게 조율한 연출도 빼놓을 수
없다. 〈82년생 김지영〉(2019)으로 일상의 미세한 균열을 포착했던
김도영 감독은, 이번에도 성공적으로 리메이크를 완성한다. 원작의
신파적 요소를 걷어내고, 그 자리를 관계의 본질을 탐구하는
질문으로 채운 선택이 눈에 띈다. 과거와 현재를 교차시키며 감정의
파고를 능숙하게 조정하고, 회한의 정조를 길게 끌고 가는 대신에
성장과 회복에 관한 여정으로 나아간다.

편지를 쓰고 건네고 읽는 마음처럼

어쩌면 이 각본집은 극 중 은호 아버지가 정원에게 쓴 편지와 비슷한
역할을 할지도 모른다. 은호 아버지는 정원에게 편지가 닿을지
확신할 수 없는 상황에서 글을 남겼고, 다행히 은호는 수년이 흐른
뒤에 그 편지를 정원에게 전달한다. 정원은 편지 속에서 제게 꼭
필요한 말을 찾는 동시에, 차마 말로는 다 헤아리지 못할 마음도

발견한다. 각본집 또한 마찬가지다. 활자로 새긴 지문과 대사를 한 줄 한 줄 읽어 내려가다 보면, 스크린에서 미처 포착하지 못했던 인물들의 숨소리와 머뭇거림이 들려온다. 영화는 끝났지만, 그렇게 되감는 시간 속에서 이야기는 계속될 것이다.

〈만약에 우리〉는 '만약'이라는 가정을 통해 후회를 말하는 영화가 아니다. 오히려 '그럼에도' 서로를 알아봤던 기적에 경의를 표한다. "소원 같은 건 진작 잊어버렸다. 기억하는 건 그때 꿈을 꿨다는 것. 같이 소원을 빌었다는 것. 우리가 있었다는 것." 사랑은 실패할 수 있다. 그러나 함께 꿈꿨던 시간은 실패하지 않는다. 다만 형태를 바꿀 뿐이다. 〈만약에 우리〉는 사랑의 성공을 기념하는 대신 사랑의 시간을 보존하려 한다. 울음을 그칠 정도로 왈칵 쏟아지던 햇빛, 좁은 방에서 주고받던 숨결, 뜨겁게 이마를 맞댄 새해의 밤을 잊지 않기로 한다. 두 사람이 서로 집이었다는 증거이자, 공동으로 남긴 역사라서다. 사라지지 않는 기억은 양분으로 숙성되고, 끝은 언제나 또 다른 시작을 불러온다.

"엔딩을 보시겠습니까?"
영화 끄트머리에 정원이 노트북에서 마주한 이 질문은, 그러므로 정원에게만 도착하지 않는다. 사랑을 겪어본, 한 번쯤 "만약에"를 중얼거렸던 모두에게 향한다. 어떤 영화는, 어떤 사랑처럼, 그렇게 엔딩을 보고 난 후에야 비로소 시작된다.

차한비

영화웹진 「리버스」 기자이자 한국독립영화협회
사무국장으로, 부산국제영화제·전주국제영화제
등 다수의 영화제에서 심사와 GV를 진행해 왔다.
영화와 삶이 교차하는 순간들을 기록한 에세이집
『모든 소란을 무지개라고 바꿔 적는다』를 펴냈다.

만약에 우리 각본집
Once We Were Us: Screenplay

초판 1쇄 발행 2026년 4월 6일

각본	염문경
각색	김도영
편집	백준오
교정	이보람
디자인	김희주(OEG)
인쇄	세걸음
스토리보드	함보람
현장사진	최창훈(STUDIO TIMEMACHINE)
펴낸이	백준오
펴낸곳	플레인아카이브
출판등록	2017년 3월 30일 제406-2017-000039호
주소	경기도 파주시 회동길 336-17, 302호
이메일	cs@plainarchive.com
인스타그램	@plainarchive

ISBN 979-11-90738-91-0 (03680)